THIRD WORLD GIRL

T0153482

Jean 'Binta' Breeze is a poet, actress, dancer, choreographer, film writer and theatre director. She has published six poetry books, *Riddym Ravings* (Race Today, 1998), *Spring Cleaning* (Virago, 1992), and from Bloodaxe, *On the Edge of an Island* (1997), *The Arrival of Brighteye* (2000), *The Fifth Figure* (2006), *and Third World Girl: Selected Poems* (2011), which includes a DVD of live readings at Leicester's Y Theatre and draws on all her previous collections except *The Fifth Figure* which remains available as a separate edition. She received a NESTA Award in 2003, which assisted her in the writing *The Fifth Figure*.

She has released several records, including *Tracks* and *Eena Me Corner* with the Dennis Bovell, and *Riding On De Riddym: selected spoken works* (CD from 57 Productions). She has performed her work throughout the world, including tours of the Caribbean, North America, Europe, South East Asia and Africa, and now divides her time between Jamaica and Leicester.

JEAN 'BINTA' BREEZE
THIRD WORLD GIRL
SELECTED POEMS

with live readings DVD

BLOODAXE BOOKS

ISBN: 978 1 85224 910 6

First published 2011 by
Bloodaxe Books Ltd,
Highgreen,
Tarset,
Northumberland NE48 1RP.

www.bloodaxebooks.com
For further information about Bloodaxe titles
please visit our website or write to
the above address for a catalogue.

Supported by
**ARTS COUNCIL
ENGLAND**

Cover design by Neil Astley & Pamela Robertson-Pearce

Book printed in Great Britain by
Bell & Bain Limited, Glasgow, Scotland

DVD manufactured by
Sound Performance, Telford, Shropshire

To my mother, who made it all possible

ACKNOWLEDGEMENTS

This book includes all the poems Jean 'Binta' Breeze wishes to keep in print from her previous collections *Riddym Ravings* (Race Today, 1998), *Spring Cleaning* (Virago, 1992), *On the Edge of an Island* (Bloodaxe Books, 1997) and *The Arrival of Brighteye* (Bloodaxe Books, 2000), together with the new or uncollected poems of *Third World Girl* (2011). It does not draw upon *The Fifth Figure* (Bloodaxe Books, 2006), which remains available as a separate edition.

'Dreamtime' was commissioned by Arts Council England and 'Aaforo mama yamakoi' by the British Museum, both for the bicentenary of the abolition of the slave trade. 'Tongue Your Funky Rhythms in My Ear' was commissioned by Phased and Confused.

The DVD includes films made by Pamela Robertson-Pearce of two readings given by Jean 'Binta' Breeze at the Y Theatre in Leicester on 8 March and 5 October 2010, and of an onstage interview with Jane Dowson which preceded the March performance, with film editing by Neil Astley.

Many thanks are due to Lydia Towsey, The Lyric Lounge (Renaissance East Midlands, Writing East Midlands), Melanie Abrahams (Renaissance One), Paul Beasley (57 Productions), and Dave Maughan (Face Musical Productions).

CONTENTS

Foreword

This is a book of poetry written in two languages: English and Jamaican. Both are creoles. English emerged from the underclass with Chaucer in the 14th century and it was then printed by Caxton, distributed by Tyndale and sung by Shakespeare. In the 18th century this English, standardised via an entirely bogus modelling on Latin and now purged of all traces of its hybrid and lowly origins, became the language of Empire.

This was the language of Jean 'Binta' Breeze's house and the poems written in English in this collection shows that it is a tongue which she has so thoroughly inhabited that she can use it for her own anti-imperial purposes. One of the most striking examples of this use is the recent poem 'Aaforo mama yamakoi' where an African invocation of the Gods is used as a refrain for an account of the terrible Middle Passage that brought Africans to slave in the New World. It was that slavery which produced a new creole. The pitiless owners, who needed slave labour power to provide the surplus they wished to enjoy, were also terrified of that power. Always in a minority, the Europeans were haunted by the threat of slave uprisings. One of their principal weapons against this threat was linguistic. It was common practice to split up Africans who spoke the same language so as to minimise the risk of collaborative resistance. The result was a new language born of the encounter between English and a variety of African languages.

More than half of the poems in this book are written in this new language that Breeze calls Jamaican, thinking this a more accurate name than the traditional 'patwa' (from the French *patois*) or the more modern 'dialect' and 'nation language'. If English was the language of her home and school, Jamaican was the language of the street and of play, and Breeze considers herself completely bilingual, unable to award either language priority except in terms of use and purpose.

English acquired its recognisably modern form and status as the technological revolution of printing revolutionised the transmission of texts, Jamaican achieved its breakthrough with the coming of recorded sound. The efforts to use Jamaican for poetry date back to 1912 and the poet Claude McKay, but the language was still little known internationally when, in the early 70s, it became familiar across the world first on the soundtrack of the film *The Harder They Come*, and then, massively, in the songs of Bob Marley.

This was the context in which Jean 'Binta' Breeze started to perform and record dub poetry, spoken forms of the language laid down over a reggae beat. The late 70s was a time of political militancy and dub poetry was a political form. Her famous 'Aid Travels with a Bomb' dates from this time and remains a chillingly accurate account of the world's global economy. Breeze, however, soon chafed against the constraints of dub poetry – the one drop beat, the refusal of the personal and its relentless masculinity – and from the mid 80s she began to develop her very specific life and art. With her year split between the Jamaica and England, using both her languages and with a wide range of subjects, Jean 'Binta' Breeze has developed her poetry into a remarkable art.

Integral to that art is performance. Breeze was trained in a drama school and if she long ago left behind the limited repertoire of dub poetry, she has not left the stage. Readers of this volume have the great pleasure of being able to watch and listen to her performances. Not only are these performances remarkable in their own right but also for non-Jamaican speakers they make the poems in that language, often difficult and impenetrable on the page, much easier to understand. 'riddym ravings', for example, Breeze's justly famous 'mad woman's poem' is much easy to follow after Breeze's power-ful mime of the speaker's varying relationship to her imaginary but all too real radio.

Breeze's ability to give voice to marginalised experiences is justly famous. Perhaps her single most famous poem 'ordinary mawning' is written in the voice of a poor Jamaican woman suddenly overwhelmed by the difficulty of her life, and many of the poems in this collection dramatise ordinary life. Breeze, however, also writes intensely personal poems, poems of love, poems to her children, poems about her friends. There is also a meditative voice which becomes much more present in the final section of this book, itself called after the poem 'Third World Girl'. In this poem Breeze once again speaks for and through the poor women of her island but this time she speaks not in Jamaican but English. For she is speaking to the rich white holiday maker for whom 'my paradise is merely your hotel'. This encounter can only be in terms of an equality mocked by current conditions. If we are to enter a new era it can only be when we have come to terms with the old:

> empire's over
> but the rape's been done
> and the blood has been my story
> our meeting needs to face our history
> tell the present what's become of you and me
> Before the future brings the possibility
> Love at first sight
> only happens to the free.

Reading and re-reading these poems brings many pleasures. Breeze's ear is acute and witty. She inhabits both men and women, old and young. Her heart is large. Her analysis is implacable. But perhaps what I most value in these poems is a sense of hope. It is probable that it is impossible to live without hope and the current state of the planet does not provide for much optimism. Breeze's poems in their constant vitality affirm the possibilities of the future even while they insist at looking at 'what's become of you and me'.

COLIN MacCABE
April 2011

RIDDYM RAVINGS

her course

she walks
blood river's
course

following
a rainbow
track

through the valley
of memories
where roosters' heads
are wrung
for crowing

past
plains of poppies
springing up
like heroes

retired officers
and ladies
decked out
on their plunder

she walks
with images
of jungle killings
flinty arrows
facing bombs

emerging
from the breaking
of her waters

a turning tide
    in moontouched
        colours

dreamer

   roun a rocky corner
by de sea
seat up
   pon a drif wood
yuh can fine she
gazin cross de water
a stick
   eena her han
tryin to trace
      a future
  in de san

sun trap

I

let her walk
into the calmness
of your hills

show her the glow
you've brought to leaves
the blush
to ripening fruit

sit her
in your sun trap

be the passing wind
teasing

the long grass
to rub
and scratch
against her skin

touch her
softly

be the juice
of mellow mangoes
running
from her mouth

bathe her
with cascading waters
from your rock

sit her
in your sun trap

be the penetrating
heat
rub
under the waters
of her flow

stir the histories
of her untouched
pools

tune her
nerve ends
to the wind's
hot breathing

then melt
into her earth
as you tongue
your funky rhythms

and lap
against her beach
like morning tide
watching waves crash
against her reefs

flagged out
spaced out

sitting
in your sun trap
where the mind
meanders
with the streams

II

and when you have possessed
her
left her living
ritual metaphors
and the river dries

what will you do
with the body
in the rut
where will you search
for the dust of a mind
who
will stare
at that empty space
in the prison
of your sun trap
when dusk falls
calling night

natural high

my mother is a
red
woman

she
gets high
on clean children

grows
common sense

injects
tales
with heroines

fumes
over dirty habits

hits the sky
on bad lines

cracking meteors

my mother
gets red
with the sun

warner

Thunder shattered dreams
lightning struck the vision
an de sky mek up it face
far over de distant mountain
ginger root dry up
an de needle dem fly
come hitch up on de clothesline
Madda head wrap
eena a red blood turban
inch measure roun er waist
two lead pencil
sharpen to teet point
an Natty let out a scream
from under the moon
im chantin Death
to all black and white
dungpressor

an de baby madda
clamp dung pon er stomach muscle
lack er foot tight
fah Herod sword nah come een tonight
an river nah rush no more

Madda tek pickney by de han
an de cymbal dem start sing
she sayin I
I come to bring a warnin
fah de Lawd Gad say to tell you
dat de day of your sins is upon you
dat de day of tribulation is nigh
an de Lawd Gad say to tell you
to hearken
hearken to de people dem voice
fah dem rod shall lay open de mountain
and de river
de river shall run dry

den she tun two roll
an disappear
eena de fiery chariot
wid Elijah
jus as Natty step aff de hillside
an im nah smile
nah sey peace an love no more
im look straight into the burning sun
an sey Fire an Brimstone
just wen de people start listen
one big foreign Chevrolet
drive up an tek im een
an one lef in de hills a wail
sey where is im ital queen

an de baby madda
wid de heart dem a push out troo er mout
more prick unda er skin fi flush er out
kean talk
      fah if de riva mumma die
        if de riva mumma die
who shall cure de pain

an down in de bagasse
Pappa Basi a chop wid im cutlass
an dem burn de sugar out a cane
so it no scratch
an him, im can't even scratch a living
an de cock a cry, de cock a cry
raaaaaas
i an i ah feel it i
still, we singing an we swinging an we ringing for redemption
but a pure confusion deh
raving and a ranting an a chanting revolution
but a pure confusion deh

eena mi corner

a skengeh
a skengeh
a skengeh pon some chords
eena mi corner
a skengeh pon some chords
eena mi corner
wen boops!
up pap a likkle horner
eena mi furdes corner
jus a
jus a
jus a stretch mi diaphragm
breed een
breed out
breedin easy
jus wen
jus wen
mi a leggo mi laas craas
im jus a
im jus a
a eh i oh oooh
im way troo
de mos complex part
a mi lunar system
dat all wen mi know
im move awn
gawn tune een pon a nex station
mi radio
still ah
still ah
still ah crackle
so mi haffi
mi haffi
mi haffi jus
checka
checka
checka iya iya ites iyah
an jus

flip a switch
tun mi receiva
to transmitta
checkin anadda one
wanderin troo
de sonic boom of a bassline
but wen mi see seh
dis one a forward
pon de same riddym station
breed een
breed out
mi memba
how it easy
cho
mi haffi
mi haffi
mi haffi jus

check out

now me one
me jus a
skengeh
skengeh
me jus a
skengeh
pon some chords
eena mi corner

tracks

the walk across the island
was not sponsored

it took years

sun was there
or moonlight
with its crablike stare

canes wore arrows

pointing

to a mountain's
caustic sores

shores
imprisoned
from our restful gaze

squatting
for survival

screwing up
for smiles

the lines
on our faces

tightened

with the times

simple tings

(for Miss Adlyn and Aunt Vida)

de simple tings of life, mi dear
de simple tings of life

she rocked the rhythms in her chair
brushed a hand across her hair
miles of travel in her stare

de simple tings of life

ah hoe mi corn
an de backache gone
plant mi peas
arthritis ease

de simple tings of life

leaning back
she wiped an eye
read the rain signs
in the sky
evening's ashes
in a fireside

de simple tings of life

arising

(for youths of Azania)

mi madda did fine
wid a likkle roots wine
jus a satta like a vine
pon a tree trunk
while mi faada
young an cute
did jus a play im bamboo flute
an watch im likkle yout
learn fi run

an den dem shatta it

now it come een like a dream
mongs mi people dem scream

an dem sen mi gawn a mission
fi get a education
an teacha bus mi finga
wid a ruler
every time mi ask er bout a
schola-
ship
free passage troo de oceans of time
ah did waan come check out dem mind
fi see how dem conquer troo crime
but
teacher sey ah lookin too high
ongle heaven is up in de sky
an wat ah should become
is a farmer

ah sey
but dat is wat mi faada was
an im did happy
till yuh stappi
an yuh suck wi lan dry
an spit eena wi yeye
like is concentration camp yuh waan sen wi

teacher sey
tun to yuh history book
an let mi tell yuh bout Captain Cook
so mi step outa de class
before she tek mi tun ass
a fi mi people pon de crass
an bomb a shatta glass
mi madda feel it
mi faada tek it
an doan teacher sey mi come from de ape
mi a mash it in guerilla style
mi a flash it in guerilla style

so mi start a posse pon mi likkle corner
wi start as watch-one fi wi likkle area
wi ban all shoppers fi dem products awn yah
wi discipline wi sista an wi bredda
we tun de revolution teacher
an wi warn all de forces of oppression
dat we, de yout, nah go stop till it done
we yout a go fight
wah fi come wi haffi come
so please
no badda sen wi no toy gun
from Santa
fah wi fighting wid de real ting awn yah
dem put wi to de test
an dem fine we nah jest
fighting wid de real ting awn yah
fah

doan mi madda did fine
wid a likkle roots wine
jus a satta like a vine
pon a tree trunk

wen mi faada
young an cute
did jus a play im bamboo flute
an watch im likkle yout
try fi run

an nuh dem shatta it...

third world blues

(for Grenada)

for me
no empty bagasse pages
of their lies
no hammed voices
falsetto smooth
covering war cries
but
the salt sea spray
of an island's tears
that burn me
acid
and the wind
the wind that sings in echoes of their bombs
the wind that sings contralto tremors
of their bombs

would that nutmeg
choke their obeah
and the dust of cinnamon
lift their prints
as evidence
for babes now growing
in an island's belly

how third world my blues
of oceans bending backwards
to make ends meet
of mountains
rising up to misty tears
of mothers
patching pieces of sky
to cover the winded bellies
of their babies cry
how third world my blues

duppy street

Let's take a walk
round Duppy Street
where all the people meet
in hushed silences of repression
filing away the claws of aggression

Look
that woman over there
reflected in her stare
the fumes and vapours in which she died
at Eventide

No
don't scream
this is only a dream
that little baby covered in shit
was thrown into a latrine pit

Turn
and walk
round Duppy Street
where all the vampires throw their meat
that ghostly tableau made from clay
was sculptured lead from Green Bay
and that picture
tho now slightly fading
was painted red at Coral Gardens

Ah,
there's the high point of Duppy Street
It's the theatre where they meet
to play old scripts
and prophesy
who shall be the next to die

See that poet on the stage?
He joined the crowd
and talked too loud

At last
here comes the leading cast

Well done, Paul Bogle
that was fun
There's Sam Sharpe square
opened by the Bush
Look
Bob Marley's singing Redemption Song

That's half of Soweto just came along
The place is packed tonight
no space for ones of silent sight

soun de abeng fi nanny

Nanny siddung pon a rack
a plan a new attack
puffin pon a red clay pipe

an de campfire
staat to sing

wile hog a spit grease
pon machete crease
sharp as fire release
an er yeye roam crass
ebery mountain pass
an er yeas well tune to de win'

an de cricket an de treefrog
crackle telegram
an she wet er battam lip fi decode

an de people gadda roun
tune een to er soun
wid a richness dat aboun
she wear dem crown
pon er natty platty atless head

an ebery smoke fram er pipe
is a signal fi de fight
an de people dem a sing
mek de cockpit ring
an de chant jus a rise, jus a rise
to de skies
wid de fervour of freedom
dat bus up chain
dat stap de ceaseless itching
of de sugar cane

We sey wi nah tun back
we a bus a new track
dutty tough
but is enuff

fi a bite
fi wi fight

an ebery shake of a leaf
mek dem quiver
mek dem shiver
fa dem lose dem night sight
an de daylight too bright
an we movin like de creatures of de wile
we movin in a single file
fa dis a fi we fightin style

an de message reach crass
ebery mountain pass

we sey wi nah tun back
we a bus a new track
dutty tuff
but is enuff
fi a bite
fi wi fight

life well haad
mongs de wattle an de daub
eben de dankey
a hiccup
in im stirrup
for de carrot laas it class
so nuh mek no one come faas
eena wi business

dis a fi we lan
a yah we mek wi stan
mongs de tuff dutty gritty
dis yah eart nah show no pity
less yuh
falla fashion
home een like pigeon
an wear dem number like de beas
but wen yuh see er savage pride
yuh haffi realise
dat

wi nah tun back
wi a bus a new track
dutty tuff
but is enuff
fi a bite
fi we fight
dutty tuff
but is enuff
is enuff

so mek wi soun de abeng
fi Nanny

ordinary mawning

it wasn't dat de day did start out bad
or dat no early mawning dream
did swing mi foot
aff de wrong side of de bed

it wasn't dat de cold floor
mek mi sneeze
an mi nose start run wid misery
wasn't a hangover headache
mawning
or a worry rising mawning

de sun did a shine same way
an a cool breeze
jus a brush een aff de sea
an de mawning news
was jus de same as ever
two shot dead
truck lick one
Israel still a bruk up
Palestine
an Botha still have de whole world han
twist back a dem

no
it wasn't de day dat start out bad
wasn't even pre m t
or post m t
was jus anadda ordinary get up
get de children ready fi school
mawning
anadda what to cook fah dinna dis evening
mawning
anadda wish me never did breed but Lawd
mi love dem mawning
jus anadda wanda if ah should a
tek up back wid dis man it would a
ease de situation mawning

no
it wasn't no duppy frighten mi
mek mi jump outa mi sleep
eena bad mood
nor no neighbour bring first quarrel
to mi door
wasn't de price rise pon bus fare
an milk an sugar

was jus anadda
same way mawning
anadda clean up de mess
after dem let mawning
a perfectly ordinary
mawning of a perfectly
ordinary day
trying to see a way
out

so it did hard fi understand
why de ordinary sight of
mi own frock
heng up pon line
wid some clothespin
should a stop mi from do nutten
but jus
bawl

time gawn

man an man
use to flash
   ratchet
wid wite moon grin
fi a camera nite

   an bus wid laugh
wen im bredda shape
wid a bamboo cane

   time gawn
gun was two finga
ridin high
on S90
from a western
dung a Cliff tiayta

   time gawn
role did a play
now
dem 'tun roll'
kum in a
reality
an blood seal
plastic
purple
      pon concrete
   time gawn
      'memba a no play we a play'

   time gawn
    'finga mash no cry'
   time gawn
    an present tense
and wen good music play
we halla
     murder!

riddym ravings

(the mad woman's poem)

de fus time dem kar me go a Bellevue
was fit di dactar an de lan lord operate
an tek de radio outa mi head
troo dem seize de bed
weh did a gi mi cancer
an mek mi talk to nobady
ah di same night wen dem trow mi out fi no pay de rent
mi haffi sleep outa door wid de Channel One riddym box
an de D.J. fly up eena mi head
mi hear im a play seh

Eh, Eh,
no feel no way
town is a place dat ah really kean stay
dem kudda – ribbit mi han
eh – ribbit mi toe
mi waan go a country go look mango

fah wen hungry mek King St pavement
bubble an dally in front a mi yeye
an mi foot start wanda falla fly
to de garbage pan eena de chinaman backlat
dem nearly chap aff mi han eena de butcha snap
fi de piece a ratten poke
ah de same time de mawga gal in front a mi
drap de laas piece a ripe banana
an mi – ben dung – pick i up – an nyam i
a dat time dem grab mi an kar mi back a Bellevue
dis time de dactar an de lanlord operate
an tek de radio plug outa mi head
den sen mi out, seh mi alright
but – as ah ketch back outa street
ah push een back de plug
an ah hear mi D.J. still a play, seh

Eh, Eh,
no feel no way
town is a place dat ah really kean stay
dem kudda – ribbit mi han

eh – ribbit mi toe
mi waan go a country go look mango

Ha Haah... Haa

wen mi fus come a town
mi use to tell everybady 'mawnin'
but as de likkle rosiness gawn outa mi face
nobady nah ansa mi
silence tun rags roun mi bady
in de mids a all de dead people dem
a bawl bout de caast of livin
an a ongle one ting tap mi tram go stark raving mad
a wen mi siddung eena Parade
a tear up newspaper fi talk to
sometime dem roll up
an tun eena one a Uncle But sweet saaf
yellow heart breadfruit
wid piece a roas saalfish side a i
an if likkle rain jus fall
mi get cocanat rundung fi eat i wid
same place side a weh de country bus dem pull out
an sometime mi a try board de bus
an de canductor bwoy a halla out seh
'dutty gal, kum affa de bus'
ah troo im no hear de riddym eena mi head
same as de tape weh de bus driva a play, seh

Eh, Eh,
no feel no way
town is a place dat ah really kean stay
dem kudda – ribbit mi han
eh – ribbit mi toe
mi waan go a country go look mango
so country bus, ah beg yuh
tek mi home
to de place, where I belang

an di dutty bway jus run mi aff

Well, dis mawnin, mi start out pon Spanish Town Road,
fah mi deh go walk go home a country
fah my granny use to tell mi how she walk tram wes
come a town
come sell food
an mi waan ketch home befo dem put de price pon i'
but mi kean go home dutty?
fah mi parents dem did sen mi out clean
Ah!
see wan stanpipe deh!
so mi strip aff all de crocus bag dem
an scrub unda mi armpit
fah mi hear de two mawga gal dem laas nite
a laugh an seh
who kudda breed smaddy like me?
a troo dem no-know seh a pure nice man
weh drive car an have gun
visit my piazza all dem four o'clock a mawnin
no de likkle dutty bwoy dem weh mi see dem a go home wid
but as mi feel de clear water pon mi bady
no grab dem grab mi
an is back eena Bellevue dem kar mi
seh mi mad an a bade naked a street
well dis time de dactar an de lanlord operate
an dem tek de whole radio tram outa mi head
but wen dem tink seh mi unda chloroform
dem put i dung careless
an wen dem gawn
mi tek de radio
an mi push i up eena mi belly
fi keep de baby company
fah even if mi nuh mek i
me waan my baby know dis yah riddym yah
tram before she bawn
hear de D.J. a play, seh

Eh, Eh,
no feel no way
town is a place dat ah really kean stay
dem kudda – ribbit mi han
eh – ribbit mi toe
mi waan go a country go look mango

an same time
de dactar an de lanlord
trigger de electric shack
an mi hear de D.J. vice bawl out, seh

Murther
Pull up Missa Operator!

love amidst the war

love amidst the war
nestles
like where you lay your head
between my breasts

flows river green
between the arid peaks

falls
as crimson petals
on new graves

grows
fresh lilies
from a rotting corpse

love
amidst the war

you and I
caught
in the riot
of our lives

baby madda

mi come troo nine months
tek all de pain
den de idren a go tell mi
seh im kean tek de strain

go home to you madda
she wi help you mind de yout
go home to you madda
I a tell you, is de truth

well I heart really shake up
I a tell you, Jah man
fa wen I let I madda
go to dis african
ah neva did expec
no more a Babylon
im seh

go home to you madda
she wi help yuh mind de yout
go home to you madda
I a tell you, is de truth

ah sey, wen I can forward
again pon de scene
fah I's a irie dawta
an ah want to live up clean
im sey im doan know
fah to how Babylon rough
im kean sey fah sure
king an queen life really tough

go home to you madda
she wi help you mind de yout
go home to you madda
I a tell you, is de truth

well dis yah likkle queen
I forward pon de scene
I madda tek I een
ah still a live up clean
ah bring up I yout
an ah teach her de truth
fah de aiwa mus come
wen I reach de higher home
ah know plenty sista
ah suffa said like I
but I sey to de sister
neva, neva cry
fah de love of I an I
is fah de King mos high
Almighty Creator
who love I an I
I wi

go home to mi madda
she wi help mi mind de yout
I wi go home to mi madda
I ah tell you, is de truth

lovin wasn easy

lovin wasn easy all de time
sweet
but nat easy
some a de time

dung eena tavern
lite use to dim
pan rusty zinc
wen coir mattrass a scratch
but im finga
use to run ribba
pan de one foot piano
an wen im hit a rite note
two white rum wid im cousin
dung a shap

lovin wasn easy
wen de food run out
an de two pap chow jus cut
de evenings of bwoil rice
widdout salt
an de neighbour a cuss
bout we bedspring noise

neva even get easier
wen we bruk
eena de back room ova in Mona
wid roach a run racket wid de flour
troo de water cuts
de power cuts
de door weh couldn lack
we use to drif troo dreams
pan herb smoke
troddin freeplan mount'n

an even wen we reach dem
lovin wasn easy

de back breaking hoe to soil
sometimes wen a watch im
trow im fork
ah tink im was de debbil
washin worn out clothes
dung a ribba
heng dem out fi dry
pan bamboo
de way mi calf get big
a karry water up de hill

wasn easy at all

cep wen
warm
eena de tear up tent
a we blanket
jine wid we glue
we use to watch mawnin star
rise
troo de hole
eena de bamboo shack

an now
sometimes
ah sad
wen ah look back

repatriation

I seek
repatriation
into love

for love created I
among the cool ferns
on a river's morning

and Riva Mumma's hair
was casting glances of the sun
like mirrors on the rock

love danced with I
wrapped in hot tambric leaves
sprayed with ginger lilies
picking kisses
like roseapples

sweet sticky starapple days
melted
into chocolate evenings

and night
would fold its petals round I
like a lover
home to rest

for love
created I
among the cool ferns
on a river's
morning

SPRING CLEANING

Holy Day

sisters at home

today
is a holy day

today
we will look at the laundry
and say wait

we will leave
the dirty dishes
use the one clean champagne glass
for a drink
of water

today
we shall roll round heaven
with our children
rubbing our noses
into soft flesh
smelling our own
innocence

sisters
today
we will not cook
over hot fires
we will feast
on the strength
of our awakening

Red Rebel Song

is lang time
i waan sing dis song
      sing it loud
      sing it long
      no apology
      no pun
jus a raw fire madness
a clinging to de green
a sargasso sea

is years
of ungluing Iself
from de fabric of lust
dat have I
in a pin-up glare

years
of trying to buil
de trust

lang time I waan
free Iself
from de white black question
from de constant hairpulling
breadfruit baiting
coconut shaking
hypocrisies
    of I skin
       having nutten to do
but lie dung
pon Massa bed
outside

    field slave sing loud
            to open sky
hear dem own ancestral echo
        in de wind
    I een de house
    tie up wid apron

between bedroom
where white mammy
practising piano
an kyan quite
reach de blues
an de kitchen
where black mammy
reign supreme
where mi soul
        steam out
smell like fresh clothes
            wash wid roses soap

lang time
my song lock up tight
eena mi troat
like if a ever open mi mout
                jus to breathe
de roar would shake dis eart
an matterkine
            split
an microchip   cho   jus fly

yes!
I feel like I
sitting on a time bomb
an I kyan get angry
fah yuh would see
mountain quake

an certain bway
weh ah entertain
delegation after delegation
an still kyan solve
a likkle irrigation
shoulda jus get lick
an stamp pon a envelope
wid no return address

        nuffsista an bredda like I
red wid anger
kyan explode

                    is I an I leg split
                    open
cross dis sea
of hatred an indifference
                    tekkin injection after injection
fi cure di madness an pull we foot togedda
                    is I an I
    did climb mountain
    an try carry a cloudful
    a tears
    pon we head
    so Noah wouln't haffi
    build a nex ark
    fi save we fram de waters

        I is de red rebel
woman
        holding eart
north pole to
south
        tropical
        wet
heating whole continents wid a
        rain forest intensity
let go eida side
        is to lose part of I
                bridge
        over troubled water lay
some loving on I now
        watch I
    painted halfbreed
        centrespread
        I nah
                tek no abuse fram eida direction
        I is
    red ribba
    foot shape outa country clay
        Madda
of white children red children an black
        who!

lang time
I waan sing dis song
        sing it loud
        sing it long
        no apology
        no pun
jus a rawfire madness
a clinging to de green
a sargasso sea

        I release Iself
        from de promise
        of eternal compromise
        from de bed of rapists
        black or white
        from page 3
        from
        cho
        if I waan gi yuh piece
        is mine
        free
        no apology

lang time I reaping
        byblows
        peepshows
        whoknows
        wat amount of dose
I live it
I feel it
I sing it
        it don't mek life no easier
        but it sure don't mek it wrong

        I is de free Christian
        who know Jah
        de one who roam
        an come home
        I is de red rebel
        woman
        accepting I madness
        declaring I song

nah siddung eena attic
tek no fire bun
I singing it loud
i singing it long
think seh I done
well
I jus a come
        I I I own rainbow
        I I I own song

Testament

sing girl
sing
dere's more to you
dan skin

my fingers witlow
from years of cleaning corners
where brush an dustpan
couldn' reach
same han
use to plait yuh hair
wid pride
oil it thickness
wid hope an dreams
tie it up wid ribbons
of some rainbow future

mi apron was a canvas
all de greases
from rubbin down all yuh bodies
an cooking plenty greens
ah use to smell it
before ah roll it up
tek it to de laundry
smell de action a mi days
de sweat a mi action
mekking likkle time
fi yuh all
an yuh fadda
mekking time
fi a likkle formal prayer
to de heavens
fah dese days ah fine

every thought is a prayer
dat de pot won't bwoil over
while ah pull myself upstairs
to scrub de bath
dat de cooker

won't start play up
an de smell a gas
come leaking troo
dat someting teacha sey
would register
an yuh all could see a way
to stretch yuh brain
an move yuh han
pass idleness
to de honour a yuh work

ah can feel it
now yuh gettin older
steppin pass my likkle learning
dat yuh tink ah stupid
ah see how yuh fadda
embarrass yuh frens
wid im smell a oil
from de London trains
so yuh now stop bringing dem home

ah don't talk to yuh much no more
outside de house
ah never did have time
to soun de soun
a de madda tongue
or mek mi way wid ease
troo dem drawing room
but in yuh goings girl
don't mind we curry smell

we memories of back home
we regular Sunday church
in de back a de local hall
we is jus wat we is
watching you grow
into dis place
an ah want yuh to know
dis is yuh own
we done bleed fi it
yuh born here
in de shadow a Big Ben

im strike one
as de waters break
an you come rushing troo

ah don't move fast as yuh
is nat mi duty to
an de cole does bad tings
to mi knee
I is ole tree girl
rough outside
wid years of breaking bark
feeling de damp
yuh is seed
burstin new groun

so sing girl
sing
dere's more to you
dan skin

ah see yuh eye turn weh
anytime yuh see mi wrinkled han
an at my age
ah really kean worry
who ah belch in front a
an if ah see someting good
in a skip
ah know it embarrass yuh
wen ah tek it out
but in dis place
dem trow weh nuff good tings
an waste is someting
drill out a me
from young
we had to save weself
from a shoestring
to a likkle lef over
an yuh know
how ah keep all yuh tongue sweet
wen ah tun mi han
to mek something special
out a nutten

ah nat trying to mek yuh feel sorry
believe me
ah just want yuh to understan
dat we come as far as we can
an we try to arm yuh
wid all de tings
dat in fi we small way
we could see dat yuh might need
ah nat telling yuh look roun
jus

sing girl sing
dere's more to you
dan skin

yuh granmadda

was Nana
mountain strong
fighting pon er piece a lan
she plant er corn
one one
two two
in likkle pool a dirt
between hard cockpit stone
reap big ears
er grata was sharp
use to talk dry corn
to flour
needed for de trail
de long hard journey
carving out somewhere
jus like we come here
we done pay de dues
but don't tink nobody
owe yuh nutten
jus stan yuh groun
is yuh born lan
yuh navel string cut yah

so sing girl sing
dere's more to you
dan skin

Spring Cleaning

de Lord is my shepherd
I shall not want

an she scraping
de las crumbs
aff de plate
knowing ants will feed

maketh me to lie down
in green pastures
leadeth me beside de still
waters

an she han washing clothes
spotless
lifting dem outa de water
drying she han careful slow
pon she apron

restoreth my soul

she mixing
sugar
water
lime
she filling she favourite jug
de one wid de cool palm pattern

yea though I walk
troo de valley of de
shadow of death

she opening de fridge
de cowl stapping her breath
for a motion

I will fear no evil

she put een wah she want
tek out wah she want
shut de door

for thou art wid me
thy rod an thy staff
dey comfort me

an she looking wid a far eye
pon de picture a de children
side a de almanac
pon de wall

surely goodness an mercy
shall follow me

she pick up de broom,
an she sweeping

all de days of my life

an she sweeping

an I will dwell
in de house of de Lord

she sweeping out
sweeping
out

shake de broom
in de wind
dus fly
she beat it gains de fence
dus fly
she cup she han
unda de pipe
an she sprinkle water
roun she
stan up
hans akimbo

she watching
all de dark spirits
departing wid de dus

sunrise in er eyes

forever
an ever

A Song to Heal

she walk
to de riddym
a de heartbeat
talk
like a rustling wind
touch
like cool spring water
distant
as de land of dreams
            an no one knows

how she does
      as she waits
an waits
      as she does

watching de sky
for rain
heart strung
like a quiet scream
      an no one knows

how night
grow into morning
out of a creeping dusk
an wake yuh

in a cruel moment
too naked
for an eye to throw a blind
on pain
for calm

in de centre
a de hurricane
    no one knows

an she prays
  as she writes
an writes
  as she prays
for de calm
  of de touch of understanding
for a word for de eagle
  an de dove

for a song so real
a song to heal
      no one knows

how she waits
  as she does
an does
  as she waits
waits as she prays
  an prays
an she writes
     den she rise
     an she sing
     an sing
     as she rise

chanting to de riddym a de heartbeat
talking like a rustling wind
touching like cool spring water
distant as de land of dreams
distant
as de land of dreams

Primrose

There is a time when evening comes over the mountain and hangs a silence between you and all around; when passing cars and people belong to some other world and the sky seems shaped in the distance of your own calling; when the search is on inside, unlimited by the hour.

There is a time when evening paints for you the queries in your mind and you look out into space with no need for answers, just a coming together with being alone, marking out the last real shapes that form the shadows of the night, leaving no room for vain imaginings or fright.

Such was the time for her.

On the other side of the house, away from the verandah, where all the others sat in talk tinged now and then with laughter and the slapping of mosquitos, there was a hard stone, set against the wall, hidden by the thick hibiscus hedge.

She was still, unmoving. Many passed. No one saw. The baby with her had learnt stillness from the breast, its small hands clasping on her rounded flesh, sighing full content.

Here only did she let him in her thoughts. Here only where the softened sunlight stroked the leaves and brushed the sides of mountains with their subtlety. Here where perfumes would ease out into night as flowers closed the source. Here where the wind becalmed and leaves no more than nodded briefly at a passing touch. Here, where the day had been enough and tears were brushed away before they reached the eyes. Here only would she think of him.

Then, as the darkness settled on the land, as suddenly as he had come and gone, and stars came out to shine like babies' eyes, she would rise softly, take the child to rest inside.

Mermaids

somewhere
along the road
a woman eases off
her load
unwraps
her bundles
smells
her desires

        today
        a woman comes
        in ragged cloth
        scratching plants
        tearing leaves
        head down
        in grave concern
        she throws herself
        to water

now
on the edge
a woman cries
her rivers wide
cups a hand
and drinks

        her sisters' hairs
        are in her throat
        her sisters' dreams
        wake in her veins
        in swift recoil
        she curls the ground
        around her

the river whispering
wash your hair
rushes over banks
caressing

o lover
do not ask one more
let her voice be wind
as it was before
do not bring down
her waters

the wispy rags
fluttered dry
lashes softly opening
slipping from
her lover's arms
her thighs
stroke through
the water

her head rests
on a sunwarmed stone
she sings
in flute soft laughter
opens flowers
with a kiss
and paints her scales
in aqua

somewhere
along the road
a woman
eases off her load
unwraps
her bundles
chooses
her own fruit

Hear, Lord

in these
the silent spaces of our love
soft answers
do not always
turn away the wrath
the other cheek is bruised

Hear, O Lord
the sound of our voice

a child's heart
skips a beat
among the stones
barefoot
she dances
unaware

a star comes close
and sings her

age creeps up
with its stong denials
full pockets offered
for her charms
can she head off
a meeting
with disaster

Hear, O Lord
and have mercy
my soul is longing

wanting more
the more we dare
growing ruthless
none to spare

for the glory of You

in these
the silent spaces
of our love
soft answers
do not always
turn away the wrath

Hear, O Lord
and answer
answer

Remind Me
(for Gareth)

Remember
at Orchard
you poised
glistening
on the rusty metal
of a steamship's wreck
your shadow waving
with the waves beneath

I watched
your smooth olive dive
and felt a moment's fear
that you were out of your depths

Then you emerged
smiling
waiting for my praise

Always,
remind me, son
how well you swim

Imega

pulling a line
outa de sky
wind
drying garments
empty de water
reset de pan
heart overflowing
in de Almighty han

day
bring out de sun

night
rap wid de moon

all de time

spinning
an weaving
a tune

mending some mentals
ending de fuss

here comes
a daughter
straight from
Mount Venus

Caribe

de islan daughta
rise she head
aff de san
an say
i travelling
dis lan
till I know it
like de back a me han

islan daughta
baptise
nuff time now
by water
by fire
fah madda did long teach her
a truth

is nat de destination, chile
fah wherever yuh is
is wat yuh mek it

but is de road, chile
de road
an how we mek it

lang time we walking, chile
lang time
we shapin mountain
wid we foot
lang time
we making waves
wash rock

an in de walking
we still
be doing
revealing
wat we is

lang time, chile
lang time

an islan daughta
shakin leaves
an branches
leggo
some mellow fruit
tekkin awn she green again
tekkin awn she green

nuff love I

Moonwise
(for my children, all)

sometimes
you know
the moon
is not such a perfect
circle

and the master Painter
makes a passing
brush touch
with a cloud

don't worry
we've passed
the dark side

all you children
rest easy now

we are born

moonwise

To All Who Read the Cover and Proclaim

she isn't what you think
though you think you know her
well
she'll mirror
your expectations
to your face

you want her
humble
pure and breathless
she'll drop her eyelids
crease one corner of her
softened mouth
into a smile
whispering

you think her bold
she'll shout a look
straight back at you
never move her sights
until you fold
then state her case

you expect
deception
she'll lick her nervous lips
shadow you
from a corner of
her eye
as you home in

she'll shift
from side to side
dabbling briefly
with unfinished lies

she'll walk
easily
into the role
you have prepared
your arrogance at
knowing her
is all she ever feared

and she really doesn't care

she knows the moment
she revealed
her truth

when you thought
you knew her far too well
to hear

now all
you'll ever see
is what you think
she'll wear

On Your Passing

(for C.L.R.)

you left me
on a day of doubts

for once
your sun sharp answers
did not cut through
my clouds

I sent my love upstairs
did not dare come

from the landing
I could smell
your passing

an old time smell
a smell of cedar
and hard changes
a smell you find
in families and friends

and even now
I am not struck by absence
you filled your time so well

a drop from the overflow
could quench
a thirsty mind
for years to come.

This Train

this train
has no special seats
for the righteous

and it's certainly
not always
express

it stops in shiny clean places
almost airless undergrounds

you leave it
when you choose
join it
when you can
you'll find all sorts
on board it

the rails may change
routes?
longer   shorter
ever crossing borders
terminate?
where you desire
return journeys?
may be cheaper

but
this train
has no special seats
for the righteous

For Hope

       chile,
don't yuh ever forget de vision dat
keep a light shining in de eye dat
keep yuh fresh as a petal flowing troo
a gutter a filt dat
wen de music playing troo yuh heart in
a dozen concerto a pain bringing
memories of warm rain and
want
brushing out shapes a dawn like silky scarves
after de twilight mischief
wen yuh get caught up in de fight don't
don't ever forget de vision
sit still awhile an let thoughts roam de
deepness of yuh wound
an clean de uncaring
let dem wash like new spring waters cooling
troo de system
till it touch de mind wid awakening an
cast off de shadows of doubt

       chile,
don't yuh ever forget de vision dat
keep a light shining in de I

we in de hands, chile
we in de Hand

Love Song

if i had a machete
i would
like all
my
family
plant us
a garden

if i had a gun
i would
shoot locks off treasures
open vaults

if i had a bomb
i would defuse it
neutralise the very thought

if i had power
i'd rule it
free the passage
from the start

if i had you
i would be
overwhelmed

Homecoming (One)

is dat day
wen yuh put yuh key
in yuh own front door
an wipe yuh foot
from de dus
of all unwelcome

settle yuh children
roun yuh table
full of good wholesome
food
an sing to dem
loud as yuh desire
but mostly sof
so dem dreams
will not be frightening

den yuh put yuh foot up
ease yuh bones
ready
to meet de dawning
of dem opening eyes

dat day
wen yuh tek awn life
an know
yuh have de will
to mek it
an a man don't mess

dat day sister
wen yuh reach over
de blues
an it don't matter
wedda outside
cowl or hot
stony or smood
high or low

for inside warm
wid all de loving
from yuh heart

dat day, sister
name
Homecoming

Birth Rites

brown moons of eyes
throw pools of light
upon the damp and tangled passage
of her growth

rising from the rushes
she births words
and dwells
among us

Homecoming (Two)

I have come
without papers
to tell you
I am me

I have wrapped
a silken scarf
over my head
full of ideas

orbiting
round the constancy
of stepping
foot by foot

I Poet

ah was readin
readin all de time
fram book
fram play
fram TV
fram life
in odder words
fram yuh all
befo ah was writin
ah was readin
yuh all
neva did know who yuh all was but
ah was full a love
ah give it here
ah give it dere
neva see no harm
in a likkle share of
de warmes ting ah have
sista, bredda,
older, younger
neva matta
jus love
like evrybody was preachin
ah was readin
ah was lovin
befo ah was writin

ah read all yuh poems
ah read all yuh plays
ah read all tea leaf, palm,
anyting wid a good story
even if it didn't always have

a happy endin
an everything ah read, ah sey,
but how come I know dis story aready? or
I do dat yesterday
I see dat last night
I live troo dat

so I stap readin fi a while
stap lovin fi a while
jus befo I start writin
I stap evryting
jus fi a moment
an I sey, maybe (I humble)
I sey, maybe
it was you readin me all de time
so doah I was well hurt inside
wen yuh all did sey
I wasn't no poet
I never mind
cause I sey
I was poet all de time
so I start write
an I tankful
to madda an fadda
dat ah did read an love first
fah I know
when I writin
I poem
is you
all you

ON THE EDGE OF AN ISLAND

Grandfather's Dreams

His hands were
working hands
spread out on the table
they became maps
veined roads
intertwining
everything was touched
with care
these hands would free
the unseen shoots
of soft green baby leaves
would carve out land
for yams
like African sculptures
would beat time rhythmic
checking breadfruits
ready for the eating
would
in the simple doing of a task
show us all our crafting
all our art

and his eyes
his vision
held somewhere in the heavens
were like clouds
promising us
growing up on rock
much needed rain

he sat lightly
on his clay mountain
where the sun
blackbronzed his face
into golden masks of ancestors
shapes and colours changing
with each new hour of the day

the cinnamon steam
of chocolate mornings
cooled
in his coco podded hands
the midday oilsheen sweat
he wiped away
the evening coal-black cool
of his homecoming
smelling of bush
and ripening naseberries
feeding the birds he knew as well as
neighbouring families

and when the winds
drifted us
overseas
in search of dreams
in search of 'tings gettin betta'
because we could not swim to Africa
and when we did not find the
gold he never sought
just   more horizons
like he'd known, somehow,
that people do the same things everywhere
how many of us
drowned in desperate ways
Atlantic drinking in our cries
how many of us
hands now bloodied
in the factory's making
of shapes we did not dream
find our hands
with or without our knowledge
reaching for
a straw
some clay
a metal scrap
some words
to shape a moment richer
than anything we sought
and in the making

see him
pause
and look for us
over more than distance
more than time

and we
holding something sacred
in our hands
hands now mapped
from other journeys
veined with newer songs
would reach out
place it on his mantle
knowing it cost
some million heartbeat
and say
'Asante sana baba'

this is
for you

Maroon song

rocky road
nuh frighten duppy
an cotton tree
have shade
so bwoy no tek no libaty
fah mi ready now fi dead

Bogle a mi uncle
an Nanny rule mi head
Quashie pass yah often
an Cuffy son nuh dead

so yuh sayin we mus satisfy
wid tings jus how dem is
wile yuh pop big style an prosper
an live ova we head

an jus because mi tell yuh
say mi nah go wuk fi dat
yuh spread it say mi lazy
an a gwaan like Big Sprat

mi pickney dem nuh hungry
fah mi plant eberyting
mi know seh if de shap lack
yuh whole tribe gwine go drap dung

dis yah likkle islan
kudda been a paradise
nat only jus fah touris
but people wid open eyes

yuh prefer fi bline we
You tief an say crime nuh pay
but fram de days of Henry Morgan
a robbery hold de sway
an mi weh hol' Independence
firmly in mi han
yuh waan come underrate an pay
like slavery pon de lan

dark night
nuh badda rolling calf
an red claat tie we head
so bwoy nuh tek no libaty
cause ah ready now fi dead

Widow

She looks like
every crone or witch
you've ever seen

she talks
constantly
of relatives
and herbs
and times long gone

when her dreamtime mumma came
and granted her her wish
she
living in the sun
asked for sunshine
health
and strength

so
she lives here
the years root round her
she makes so much
a mite easier

He shades her eyes
with gladness

and she sings

this is not her book of life
this cover
where poverty paints
a woman
wizened
by the sun

pipe woman

stripped down dry
and smoked

eyes like precious stones
inside the folding layers
of her skin

cheeks are sucked in
deep on a wooden stem

cup held
in wiry hands

fire enters
rolls around her tongue
fills her belly
    rope into knots
she turns a dark blue black
steams up
            an yuh can see rain coming

dancing clouds
leave the cavern of her mouth
her nose
            a sign of habitation

here
between battles
she breathes guidance

beware
if she bows to drink
for then
she belches fire

mansong

lovin he
        was
carryin
        water
in
        basket
ova a
        parch   lan

parch
        im drink
an drink
        im parch
again

Song for Lara

is a young generation
comin dung sweet
nat in awe of *Wisden*
nat studyin defeat

a fresh clean page
from an islan of dreams
a bat in han an
burstin at de seams

de wicket holds no shadows
of what cannot be reached
Jus
practisin, dread,
gettin better all de time
de limelight doan mean nutten
wid a bat in mi han
liftin up mi head
an thinkin bout de glory
is a sure way to be out
before de en a de story

if de bowler fine a reason
ah will answer wid a rhyme
any kine a riddim
in mi own time

               Pan man, hole tight.
Lara een
im tekkin up im guard
fus one straight back
dung de pitch
Dis is between we an de Lord!

We bus out a heaven gate today
wid a certain majesty
buil a hero to open space
from all dat crampin' we

lightnin flash troo de covers
breakin de boundary
den we sekkle back pon de riddim wid a
Nooooo...defensively

Dance it, Lara, dance it
de march deh pon we foot
steady timin
watchful eye
wait for de tenor pan
to fly
lash it
cause it overpitch
bruk a man han
if im try ketch it
is a four, is a six, is a sure ticket
anyting ah have, Lawd,
ah gamble it

dem slow dung de riddim now, mi son,
so steady timin, bassman, come!
deh sayin we don't like it slow
deh call we calypso cricketers
say we cyaan hole dung tempo
so we sen for David Rudder now
is a ballad in kaiso
so slow...so slow
a ballad in kaiso

> '*Come mek we rally...y...y*
> *rally rung de West Indies*'

an wen we wear dem dung again
we gawn forward extempo

is a pair a eye dat see de ball
before de bowler   tink it

a pair a leg dat dance wid ease
anywhere he   lan it

a pair a han dat have more joint
dan jus elbow   an wris

is a fella dat will fine de gap
instead a mindin it
instead a mindin it

an all de time
he smilin sweet
gentle, humble
dress well neat
bat like a ratchet
in he han
slicin troo
de hard red heat

     an he playin hiself
       he playin hiself
but he doan play all hiself yet

     he playin hiself
       he playin hiself
but he doan play all hiself

yet

caribbean woman

oh, man,
oh, man,
de caribbean woman

oh, man,
oh. man,
de caribbean woman

she doan fraid a de marchin beat
she doan care how he timin sweet
she doan care if she   kill a man
jus doan mash up she plan

caribbean woman does
cry
like rain a sprinkle
early friday mawnin
does
bawl like tundastorm
late satday night

   doan have no special time
   fi wash she eye

caribbean woman does
kick she man out
in de black a nite
wen er eye meet im guilt
wid a moonblood red
dat mek im feel like a dawg

but she does
welcome she man
somedays later
wen she fine she have a
certain itchin
dat no odder finger can scratch

caribbean woman does
rise she son
    wid a drumbeat pon im back
    fi fine im ancestry
    den spoil he
    fi fine he wife

    she does rise she daughter
    pon a mountain range a breas
    bringin de sweetes milk
    same time she

        cookin
        washin
        ironin

    same time she

        cussin
        winin
        jokin

    same time she

        prayin
        'oh, lawd'

    an wen yuh see she
    walk

   wen yuh see
   caribbean woman walk

on she lef
de cliff
to san
to sea mare
wavin wid er flow
de deep belly laughter slap
of water
gains she rock

an on she right
de blue mountain peak
she does force yuh to reach
if yuh seekin travel
troo er ferny green
er cocoa smell
er coffee mawnings
aaah

wen yuh see she walk

holdin freedom water

balance pon she head

an de hips
de hips dat hole de sway
to a tousan hallellujahs

an de breas
dat point de way
troo no man's lan
dat lan she know so well
yet
never stap for long

wen yuh see she walk
yes
wen yuh see she
den yuh fine grace
bwoy

is den yuh fine yuh grace

oh, man,
oh, man,
de caribbean woman

oh, man,
oh, man,
de caribbean woman

she doan fraid a de marchin beat
she doan care if he timin sweet
she doan care if she   kill a man
jus doan mash up she plan

jus doan mash up she plan

one last dub

dis is one time dat de
message laas
to de constant bubblin
        of de riddim below
        de waisline
fah people packet did lang time
        absalete
cep fi few crumbs   cockroach
        couldn't reach
        so if yuh could jus tease
        mi wid a riddim
fi fling up wi distress   eena
        dance hall style
        fah eberyting   still runnin
wile
before de shat let aff
mek we   bruk
                in dis likkle corner
                wid we back
                tight
                agains de wall
                        Lawd!

ah should go to church
tomorrow
       but ah want de harves happen right
       eena mi own yaad
an Gad know
to how de pot empty a ile
mutten wouldn't spwile
but   fah tinite, sweet jesas,
       ah gwine let go to de pulsin beat
       below de belt
       is where de shitstim hit we
       all de time
       truut is truut
       an nuff fly bus a dance
but baas
no ride no haas craas
       we hold de whip
       we hold de beat
       right yah so
       which paat yuh put it

an riddim nuh partial, baas,
no
riddim no partial

Ratoon

it's the eyes that haunt me most

young men
grown old
too quickly

last sugar stick
surrrounded by dry leaves
no water reaches roots

the eyes
forced ripe
and plucked
long before the coming

some deep worm
now growing old
a rubbed out reddening
of old age
with nothing

there are no pensions here
and careless days
in cane passion
don't outlast a dewdrop
in this heat

and the eyes
sunken now
and blinded with
dead dreams

the wind laughs
a dry sound
of parched stones
in the bed

where waters once
cooled desire
smoke rises

out of a chestful
of gravel

one with fire
we perspire
to our loss
clutch the tales
of rags to riches
somewhere
over Lotto's horizon
replant me Lord
and send a visa come

but even that needs youth
to be cut down
and the joints
now withering
spirit burning
flesh done

any growth is singed
by want of rum

asked for one more smiling
to the sun

cane cracks

these eyes cannot lie
about the heart

already
all around
the next ratoon
is coming

old cane eyes
burnt out
watching them
unspeaking

rising in their heat

I Jonah

Ah have to be here, Lawd,
a likkle wile longer

the call came
untimely

I nat ready, Lawd,
is a hard step
cross river Jordan
cross de sea
cross any water

I listening
keen
head still
like a green lizard
on dis trunk a land
not looking for no stone

is de word dat lik mi
in mi head
twis mi
like a serpent
drap mi aff di mountain
into sea

an de whale did
    de whale did
       de whale did
          de res

I Jonah
sayin, Lawd,
doan sen mi dere
I happy here
an de word
comin at mi
over an over again
an de chant rock steady
like so many distant drum

never get weary yet
never get weary yet
down in de valley
for a very lang time
never get weary yet

I Jonah
caught up in de miracle
of flight
landin on a distant shore
an word flyin
lef, right, an centre
like a warner woman in de market
writhing with the power
in a breath

but, Lawd,
is nat mi spirit at all
to chant destruction

      touch dem one by one
      gal an bwoy
      dis time a no play we a play
      gal an bwoy
      pointer gawn astray
      gal an bwoy
      which voice hold de sway
      gal an bwoy

I Jonah
used
by a gift of faith
exercised on impulse
spent
retreating
into a babylin hollow
by de sea
back
to an angry mountain
not sure
anymore
which coast is Nineveh

THE ARRIVAL OF BRIGHTEYE

Bush Babies

On the watershed of western mountains, the village lazed in the sun, except when the wind climbed the hillside, laughing through the tall mahoes, touching the undergrowth of herbs and bushes, carrying their smell, like a lover rising from a damp bed.

Here I was born. Here my skin became a part of nature as ferns fondled and bushes slid round me, awakening a gentle itching, clothing me in their scent.

Everything was touch and smell, even the sounds which hummed, vibrating with each breath.

I awakened to my body long before I knew.

On Sundays, church came, like a frightening orgasm. Called from the bush we were scrubbed clean and dressed in crinoline. We watched the adults pant and pray and pound the wooden flooring with their feet. As Preacher foamed and spat the fires of hell, brimstone fell hot on our heads and sin entered our world.

Mondays were starched, slates wiped clean, defying the one mile trek to basic school where teacher ruled and straps hung from the blackboard enforcing our ABCs.

Each day of the week, last bell rung a riot of crushed pleats and khaki seams making for the mango trees that lined our way back home.

Within this triangle of bush and church and school, we made life our little game, Brighteye, Faith and me.

The first dance

In the beginning
there was silence
and silence was black
black silence breathed
and there was motion

and the world formed
inside blackness
with a breath

and stretched

stretched an arm
and flexed
giving birth to
rhythm

and rhythm was motion
without sound
till breath
pulsed a heart
and drumbeats
heard the silence
saw the motion
and echoed it

tukku tukku tukkku tukku
tukku pang tukku pang
tung pa tukku pang

touch taste tap dance
tickle touch slap ouch!
make me a messenger of motion
touch tickle slap dance
satta massa touch glance
make me a messenger of motion

breath grows like a tree
rooted in blackness

bending   twisting   reaching
for sky

enters the serpent
seed of life
cool and deadly
she writhes
roun de worlie

Here is my belly
Here in my belly
the axis of the universe

Bamsi kaisico pindashell
Bamsi kaisico pindashell

I breathed
and sun born red against horizon

I breathed
and darkness fell

I breathed
and moon wove her hair
in locks and circles

I breathed
and darkness fell

I breathed
and roots gave leaves their pleasure

I breathed
and darkness fell

I breathed
and void became a jungle

I breathed
and fire came in tongues

I breathed
and winds cried me an ocean

I breathed out into blackness
and I dreamed

Listen!

a body sings in silence
can you hear that

Look

a serpent enters spine
and coils itself into eternity
can you touch that

Listen!

inside this womb
is the song of songs
the story of all stories

can you move that?

for Patrick

sometime is jus a
moonbeam
touch yuh pon yuh forehead

or a bees buzz a answer
pass yuh yeas

sometime a passin
breat of air
kiss yuh pon yuh troat
or
one raindrop
baptise yuh
in de Lawd

but whatever it is

a likkle shady from a tree
dat cool yuh
in de heat

a passin smile
from a pretty gal
dat mek yuh know
yuh sweet

a wonderful idea
an yuh know seh
a you dweet

or jus de flavour of de food
someone give yuh to eat

remember
love is like rain
come all de time for free

so when trial start an
hard time come
jus pause a while to see

tek a moment
tell yuhself
someone is loving me

Baptism

Brighteye, Faith and me
we get baptise same day
in de Holy Spirit
in de Holy sea
crass fram where de church stan
like a mountain on de plain
crass fram de Police Station
where de sinners held in chains
we was likkle children
grown in Sunday School
dressed in white
legs crossed tight
nat to let de devil een
Dat bright bright Sunday mawning
de sea lie dung so calm
Pastor tek we han in turn
an lead we to de lamb
but wen Brighteye turn come
jus as de choir raise a hymn
a wave lif up so big, Oh Gawd
Pastor an Brighteye cyan swim

Moon

There was no tide here
just stones
sitting in the river
and a mermaid's comb
which marked the magic
of my coming

a thatched shed
covering the heads of yams
became our doll's house
where we played
Mamma and Pappa
nakedly

touch mi
tell mi

'yah so Mr Finnegan,
yah so sah,
but yah so no sweet
like a yah so sah'

the brutal entry
of my mother
brought guilt
and suddenly I understood
at six
how clothes came into the garden

Oh Eve
Oh innocent one

Could it be

When you leave
I smiling hold
this soft furry
bouncing
tingling
tickling
I don't know what to call it
'thing'

it moves round me
all day
moves me round
all day

tickling tingly 'thing'

waiting to bounce out
my eyes
my mouth
my ears
my nose
my belly
my thighs
and all those other shy soft places
waiting to be named
in subtler tones

waiting to bounce out
soft funny
bouncy cuddly
tingling tickly
ah! so touchy tender 'thing'
waiting to bounce out at you
when you get home

could it be.

The Garden Path

Uneven, this path
out the back door
serpentine
like the call of wood doves
wooing
recalling stillness
birthing
the path disappearing
into as many possibilities
as the silences of youth where

smoothbacked
on the cool stones
in the valley of the river Wise
under a sun
that warmed
like gods who kept their distance
rewarding you for nothing you had done
or perhaps
for doing nothing

the river's voice
shaped that path
a music without words
so that, here,
I want to make words
music
move beyond language
into sound

I am tired now
of doors
opening onto streets
or grills
or walls
opening onto some public business
where I must make sense of noise
neurosis
numbness

intruding arguments
and judgements
systems of punishment
and reward
often interchangeable

I find I am avoiding
the pointed conversation
where words have missions
similar to knives

I cannot always ask for grace
and innocence is too easily
crushed by fate

Mother Woman came
for the possessed
with oils
and balms
and incantations
visiting obeah men came
and priests
soothsayers
warners and beguilers
and finally
the analyst

but I am more than colour
more than class
more than gender
more than church
I am more than virgin
more than whore
more than childhood traumas
more than adult guilts
I cannot be framed
or torn apart
cannot be crucified
or burnt at will
I feel no distant threat of nuclear war
or revelation's sweat of angry gods
for spirit lives

without the flesh
and I might find
that I am freer yet

on this uneven path where
first
He walked me through
to a tree
where apples grow as small and neat
as crunchy fit as he
and He who had not spoken most the night
picked one and asked me
'will you bite?'

and I so long tired of carrying Eve's blame
on streets where woman's love is still her shame
happy to throw off images of man
written in god's name
accepted apple, him, the garden home
and a serpent's path that said
how many journeys there were yet to come

Planted by the waters
(for Maya Angelou)

out of the damp earth
out of the dark forest
our feet
once arched
were fallen
yet
we danced
flatfooted
hugging earth
into our souls
     blow wind blow
can't lift this foot too far

     must find place where
     foot free
     free to stay
     free to dance
        to lift
        to replace
     in its own shaping

     blow wind blow
     blow de chaff
     blow de chaff
     seed have weight
     will stand
     will come again
     to feed dis land

foot beat drum

an ah feeling dis feeling
wine up
wid de spirit
rising up troo spine
an a warm rush troo mi mind

blood! girl chile

we trodding blood eart
soak it up chile
soak it up
is so spirit call
rewine an
come again

       bloodrush
       foot drum to
       knee drum to
       belly drum
       batty drum
       flicking bullets from behind
       like Maroon Nanny
       back drum to
       ear drum

an we hearing we own heat
yes chile
nuff chorus to repeat

       body sway
       body dip
       nuff lip
          an er chant rising

like black magic chile
de bes kine
de kine de midwife bring
as she plant we belly string
under banyan tree

       voice rise chile
       belly put dung it load

an doah we digging deep
is not to bury chile
is to excavate
we own mystery
we own song

       for fact is fact
       but truth is strong

an truth don't have to
carry fact along
foot to mout chile
foot to mout
for blackeye peas cyan done

see she holding yuh
riding riddym pon de strength
of her shoulder
her head casting
shadow gains de sun
like Benin bronze
shading yuh chile, shading yuh
from de brutal scorching of yuh soul
dat hate could bring

     we bigger dan stone chile
     bigger dan mountain
     bigger dan all de histories connived
     bigger dan seeking some reprise

soon, yuh see she head
     wrap up in cloud
     red gold and green
     circling
     an all de colours in between
an she giving yuh words
dat could colour yuh dream book

an de back don't bend
for de head wrap cool in cloud
bove mountain
an she melting de stone
under she foot
arching it over

     heel to toe girl
     heel to toe
a so yuh bruk rockstone chile
a so yuh bruk rockstone

melting it to blood
bringing it up she vein chile

out she mout
an roun she head
where
rain running troo she eye
like God crying
crying
fah all dose elders
who had to bow
an scratch dem head
an whisper
          yes maaam, yes sah
to save we all
from fire

          yes
rain running dung she face
like God crying
carving river bed wid flash flood
or drilling rock staight dung to
well deep
chile, well deep

don't touch she wrong
or glacier wipe out all yuh laugh line

watch she han now
branching out from banyan
an she picking sun like is orange

fingers long
strong
touch sure

collecting de green herbs of healing
wid lilac lavender

den peeling off a piece a blue
from sky

a touch a gold
from out yuh smile

decorating cloud and sky
wid all de colours in between

look up chile
look up now

see how glass house
       glass ceiling
             gone!
an rainbow wrap we mind chile
she puttin rainbow roun we mind

and rainbow ain't jus for some folks chile
rainbow dere for all
an if we try to snatch dem back
ain't no rainbow at all

Yes

out of the damp earth
out of the dark forest
our feet
once arched
were fallen
yet we danced
flatfooted
hugging earth into our souls

       blow wind blow
       blow chaff
       blow chaff
       dis seed have weight
       will stand
       jus like a tree
       planted by the waters
       we shall not be moved

feel yuh head grow chile
       grow big

rooting out to sky
yes chile
rooting out to sky

dis lang time gal...

welcome to heartease, sister,
de nya iya come
tek de load fram off yuh head
mek we dance in de evening sun
de mountain climb did hard, mi chile
we know it tek backbone
de dry wud dus wi bun yuh troat
but cool goadie a water a come
nutten no lebel under foot
but we nah drop affa God eart
some say de grass is sweeter
byt sky rain know it wort
nuff curb an corner fine we
but weh road tap, it done
so welcome to heartease, dahlin
no badda go fling yuh head back dung a stone

earth cries

she doesn't cry for water
she runs rivers deep
she doesn't cry for food
she has suckled trees
she doesn't cry for clothing
she weaves all that she wears
she doesn't cry for shelter
she grows thatch everywhere
she doesn't cry for children
she's got more than she can bear
she doesn't cry for heaven
she knows it's always there
you don't know why she's crying
when she's got everything
how could you know she's crying
for just one humane being

sisters celebration

is lang time now
we know seh
han mek fi do
wat mout talk bout
so we linking up
from coas to coas
seven days a labour
an yuh wander wat
we shouting bout
but
wen yuh see woman
jumping up
rubbing up
soaking up
all de music
dem pitch out
in dem birt scream
is nat a orgy
is a mass
we lighting lamp
one by one
in de sun or
in de shady
joy in de making
home sweet home

seasons
(for Linton)

sometime,
wen im coming
is like a cole front
cross de Atlantic
or a chilling eas wind
den yuh have to meet him
ratianal,
lagical,
wid a clarity
dat is more
intellectual
but occasionally
spirit tek
an a smile
wid a twinkle
in de I
does warm de heart
like summer come in May
or tulips out in Feb
an yuh haffi sey
it did wut it
after all
fi endure im winta

break

in the restaurant
you asked for
coffee

black

and I for white

the waiter laughed
delighted

and searched out
brown sugar

He loves my hair

serious Simon
met a poet
going to a gig

said serious Simon
to the poet
'is your hair a wig?'

said the poet
to now smiling Simon
'touch it, if you will'

since then his hand
hasn't left her hair
and they are laughing still

on cricket, sex and housework

I have never liked ironing

but there's something steamy here
that softens the crease
and although I played it straight
I fell
to your googly

I came out slightly crinkly

perhaps it's the strange things
your fingers do
around my seams

just in case

and just in case
you ever wonder
if I am the passing summer's sun

and if a winter night of doubt
should wake you
and you think I am the snow
that's suddenly gone

and if on lonely mornings
you look up at the sky
and think I am a drifting cloud
that drops its rain
and mistlike
disappears

and if you ever think
some passing storm of frenzy
could wipe out all the pages
of our days

just give me time, my love
to come again
and touch you
with forever

The arrival of Brighteye

> My mommy gone over de ocean
> My mommy gone over de sea
> she gawn dere to work for some money
> an den she gawn sen back for me

> one year
> two year
> tree year gawn

> four year
> five year
> soon six year come

> granny seh it don't matter
> but supposin I forget her
> Blinky Blinky, one two tree
> Blinky Blinky, remember me

Mommy sen dis dress fah ma seventh birthday. Ah born de day before chrismas, an she sen de shoes and de hat to match.

Ah wear it dat very chrismas Sunday, an wen ah come out into de square, on de way to church wid Granny, all de ole man dem laughing and chanting

> Brighteye Brighteye
> red white an blue
> Brighteye Brighteye
> yuh pretty fi true

an Granny seh don't walk so boasy, mind ah buk up mi toe an fall down an tear up de dress pon rockstone because she going to fold it up an wrap it up back in de crepe paper wid two camphor ball an put it back in de suitcase, dis very evening, as soon as ah tek it aff, put it back in de suitcase dat ah going to carry to Englan.

Crass de sea, girl, yuh going crass de sea, an a likkle water fall from Granny eye which mek er cross an she shake mi han aff er dress where ah was holding on to make sure dat ah don't fall down for de shoes hard to walk in on rockstone, an she wipe er eye wid er kerchief.

An ah looking up in Granny face, ah know Granny face good. She say is me an mi madda an grampa put all de lines in it, an ah wondering which lines is mine, an ah tinking how Granny face look wen sun shine an de flowers bloom, an wen rain full up de water barrel, an wen drought an de bean tree dead, an wen Grampa bus a rude joke, ah know Granny face but now she wipe er eye an lock up er face tight, an ah feel someting tight lack up in my troat, fah ah can't remember mi madda face, ah can't remember mi madda face at all.

An all de time after dat, Granny finger in de silver thimble, flashing, sewing awn de red, white an blue lace she buy at market, sewing it awn to de church hat to mek pretty bonnet to go wid de dress. She say ah mus put awn de whole outfit when ah reach, so mi madda can see how ah pretty, an how she tek good care of mi, an she pack de cod liver oil pill dem in mi bag an say memba to tek one every day on de boat so mi skin would still shine when ah reach, an when we leaving de village in de mawning all de ole man dem singing

> Brighteye, Brighteye,
> going crass de sea
> Brighteye, Brighteye
> madda sen fi she
> Brighteye, Brighteye
> yuh gwine remember we?

an de children, playing ring game an clapping

> Row, row, row your boat
> gently down the stream
> merrily, merrily, merrily, merrrily
> life is but a dream

an de bus to town, an Granny crying, an de boat, an de woman dat Granny put mi in de charge of, an day an night, day an night, an it getting cole, all de way, in a dream, to Englan.

Ah dress up yuh see, de day dat we arrive, an all de boasiness dat Granny warn mi about come back wen ah dress up, an de shoes don't fit so good now, but ah wearing dem. An ah tink me madda going to be dere to meet de boat so ah looking hard, ah looking hard, for Granny say cod liver oil pill good for eyesight to, so ah sure ah can see mi madda, way ova dere where people watching de boat, ah sure ah see mi madda for she have a big red white an blue umbrella. It mus be she for she mus know de colours dat ah wearing. Granny mus did write an tell her de colours dat ah wearing an ah pulling de lady han to come aff de boat an ah hoping no rockstone nat dere to walk on in de shoes, doah dey nat so pretty now for no sun nat shining, but dey still red, so mamma can't miss dem, an a pin mi eye to de red white an blue umbrella an ah pulling de lady dat way but she saying, 'no,no, we have to catch de train to London', but ah nat hearing her, for dat mus be my madda wid de big umbrella an we getting nearer an ah trying to look pretty an den a big breeze jus bus out a nowhere an de umbrella swell up an go inside out an tek aff like a ship an is a white white woman…wid white white hair…an is nat mi madda at all…is dis white white woman…wid white white hair…an is nat mi madda…is nat mi madda…is nat mi maddda at tall tall tall…no…is nat mi madda at tall…an…an…an… ah want to wee wee…ah want to wee weee…but in de sea…ah want to wee wee…but in de sea ah want to wee wee till all ah mi run out…till all ah mi run out…all de way back home… all de way back home…to my Granny.

> Take a train to Marylebone
> fish and chips, then come back home
> past Piccadilly Circus
> Trafalgar Square
> Pigeons flying up and down
>
> Pigeons everywhere
> sitting on an old man's head
> in Trafalgar Square

Ah never see mi Granny again, she die when ah was ten an Mommy never have de money for all of us to go home so she one did have to go for she had to make all de arrangements. An my brodder an sister dat born here, they didn't want to go because they never know Granny at all, an they likkle an playing all de time while ah crying to go wid mamma, an

Daddy, ah call im dat but im wasn't mi fadda, my fadda did go do farm work in America an never come back, an Daddy married my mother when she come to Englan, an im get vex wid mi an ready to beat mi an say if im don't provide more for me dan Granny ever could, dat time im was working overtime wid de British rail an im eye red wid de tiredness an im say troo me im can't sleep or res in peace, well, im resting in peace now, im dead in Englan an never get fi go home an raise cow like im was always talking about.

An from im dead, Mamma is nat de same, is like she living here but her spirit gawn back to Jamaica, an she nat so well, arthritis tek up her every joint an she always complaining bout de cold an de damp an singing bout going home, an now she finally going. An me, what ah going to do, ah don't belong here, but ah don't belong dere eider, ah don't remember nobody, an all who would remember me, dead or gawn.

An de children, ah jus can't leave de children, but mamma leaving me, she bring mi here an tell mi is home but now she leaving me to go home, an she was mi home, from de day she meet mi off de train in Waterloo, by dat time ah was crying so much ah wasn't looking out fah mi madda face again...an suddenly ah hear a voice shout 'Brighteye' an is she, an she lif mi up an squeeze mi in her bosom, ah never see her face but ah remember de smell, rub up wid Vicks, an how her bosom feel, an now she leaving mi here wid de children an granchildren, but how ah going to hole up everyting, how I going to hole dem up, an she going home tomorrow, she say her work is over an she going home tomorrow, but ah jus want to be Brighteye again, as hard as it was it was easier dan dis burden, an where ah going to put my head now, when all de others resting theirs on me, where ah going to rest mine.

'Children! stop that noise downstairs!'

Well, ah better go down an show dem all de lines dey making in my face!

Ole Warrior
(on retirement from carnival)

I ain't coming out today…no play, boy…
I ain't coming out today
Ole warrior mus retire, boy
I ain't coming out today
Oh Gawd, is a hard, hard ting to say
never thought life would go this way

Jus de odder day
ah was coming dung, drunk and disorderly
Ah mek pan dance
Ah mek pan sway
heat beating in mi head
an de devil fork in front mi, thrusting
Ah had multiple prongs
could keep a track
of five, six, woman in de ban
widdout ever showing mi han
Ah could lime all night, all day
no injury time
no fall back
No, boy
Ah coming dung, drunk an disorderly
Dey say look at dat boy
he really gone crazy
but de rum pulsing in de vein
young blood could take dat strain
so ah ain't coming out today…no play, boy
I ain't coming out today

Seem like jus las week
Ah was playing it sweet
a litre in mi pocket
an a whistle in mi teet
an ah chipping like a axe man
up an dung de street

Move out de way, boy
Flag man, tell dem is I
an de way ah coming troo, yes
nuff sinner could die
cause today we ain't loitering
Yuh can't arrest we on de sus
dis name steel pan, boy
an mi trousis front bus

Ah full up wid de spirit
an steel beating in mi head
an if ah ketch de Queen a Englan
Ah fuck she till she dead
See, ah playing like yuh want mi
Ah black an two eye red
Ah savage an ah crazy
an ah coming dung pon yuh head
Ah ain't arguing wid yuh illusion
bout wat kind a man I be
Ah like de kine a role
Dat yuh history write for me
so shif out a mi way, boy
Black devil coming troo
dis is carnival, boy
an ah ain't playing it pretty like you
an de music have mi marching
dis blood vessel can't bus
dis steel pan hole no rus
But Devil god, he wicked
ah turn sixty today
an ah trying to get it up, boy
but de ole pump flat
de tire spare
dis ole man back
need a bench in de square
so I ain't coming out today, no play
I ain't coming out today
Ole warrior mus retire, boy
I ain't coming out, no way

An dem woman dem, dem know it
dey shake dey ass jus in front yuh nose
jus to let yuh sniff yuh past
so yuh could try to mek a pose
but I learn dat lesson de hard way, boy
I ain't turning mi head no more
No, I ain't looking back no more
so no woman backside could tell mi sweet
Dis gawn pass you, ole boy
Dis gawn
Ah bowing out wid some respect
Ah keeping mi head straight front
Let dem say is a elder he
is a ole warrior wid a crown
so I ain't coming out today…no play, boy
I ain't coming out today
ole warrior mus retire
I ain't coming out, no way

De wife on holiday wid de children
so I get free up dis year
Ah mek mistake, tink is youth again
so ah coming dung troo de square
a bottle a Cockspur under mi arm
ah ain't feeling no wear and tear
Ah jam for an hour or so boy
before ah feel de crack in mi spine
an is jus pure pride keep mi standing dere
wen all dem woman start to wine
It get so bad, boy
ah nearly have to ask dem policeman
for some help
well, dat reduce mi to tears, boy
but is still early afternoon
an ah can't head home wen young boys coming out
dey will see me an say 'he done'
so ah stand dere, eh, till night come dung
wen at least dey will say 'ole boy having fun'

but when de devil does call yuh home
is time to pay de fee
an is over de hill, an troo de park
wid a serious injury to mi knee
an de bottle a rum still unda mi arm
cause ah couldn't bus it today
an de moon troo de clouds
looking dung at me
wid pity, like de face a mi wife
Boy, dat was de story of mi life
an ah angry wid de settee
an de remote control to de TV
an ah well vex bad wid Classic FM
an wishing de wife an children at home
boy dat was never me

But de day does come
to leave de joys of hell
an de only pleasure dats left to me
is wen ah see dem young man
strutting troo
ah say, boy, dey on de road to me

So I ain't coming out today...no play, boy
I ain't coming out today
ole warrior mus retire
young blood mus find dem way
is a dance dat de devil design
when yuh young, he ain't give yuh no sign
so ah weaving home unsteady
Ah trying to whistle an rhyme
an ah reading bout growing tomato
in dis damp and wintry clime
An ah praying dat wen ah finally end
dis journey dat some call life
de fires of hell will claim mi again
cause ah gwine fuck de devil wife

The Wife of Bath speaks in Brixton Market

My life is my own bible
wen it come to all de woes
in married life
fah since I reach twelve,
Tanks to Eternal Gawd,
is five husban I have
               (if dat is passible)
but all of dem was wort someting
in dem own way
doah dem say
dat troo Jesas only go to one weddin
in Canaan
we no suppose fi married
more dan once
but den again
dem say Im tell de Samaritan woman
by de well
dat doah she did have five husban
de laas one never count
       is wat Im mean by dat
       why jus de fif one lef out
       ow much she can have den
             four?
Im don't give no precise number
Well,
       people can argue it forever
       but me sure of one serious ting
       Im order we to sex an multiply
Im also say dat
       de man mus lef im madda an im fadda
       an cling to me
       but Im never say
       how many
       mi no hear no mention of bigamy
       or polygamy
       so why me or anyone
       should tink it is a crime

An wat about de wise king Soloman
look how much wife im tek, Lawd,
ah wish ah did have as much in bed as him!
God mus did give him some 'great' gif
No one alive did ever have such fun
But still
I will tank de Lawd
fah doah I have only five
I shall welcome de sixt one
wenever im choose to arrive
because I nat lacking up my foot at all
if one husban dead
anadda christian man will surely come
fah even de apostle say dat den mi free
to tek anadda man dat can please me
   betta to married dan to bun

Abraham, Joseph,
nuff adda holy man
did have nuff wife
Whey God forbid dat?
Yuh see no clear word?
Where Im ever order virginity?
   Dere is no such commandment!
is de apostle Paul come talk bout maidenhead
an him never qualify fi talk bout dat.
Im say a man may counsel a woman
but counselling is nat command
wat I do wid my body is my personal business
an if God did command virginity
nobady wouldn married
fah married woulda dead
an no more pickney wouldn born
so no new maidenhead.

How Paul him want to tek command
wen Jesas wouldn dweet
we all know pum pum is someting sweet
an nuff sword will falla it.
Whoever, jus like de apostle,
want to do widdouten sex
is free to choose dat,

133

but wid we, no badda vex
fah if my husban wear out an im dead
you free to marry me
dat is nat bigamy
an to enjoy good sex
is nat a frailty
nat unless yuh did decide, like Paul,
fi tek up chastity
because a man don't want pure gold pot
in im house
im want some mek wid good wood
as a spouse
an God did give we all a different gif
we choose wat we is suited for
everyone don't have to give up everyting fah Christ
Im neva aks we dat
dat is fah who want perfect peace
an you all know already
dat is nat me
I gwine mek de bes of all my years
fah dat is de joy an fruit of marriage
an why we have dese private parts so sweet
dem cyan jus mek so an don't put to use
except to piss
or tell man apart from woman
das wat you tink?
fram wat me feel already
dat could nat be so
a man mus give im wife er tings
Piss yes, an tell we apart
but wat pleasure dese instrument brings!

THIRD WORLD GIRL

Aid Travels with a Bomb

400 years
from the plantation whip
to the IMF grip

Aid travels with a bomb
Watch out
Aid travels with a bomb

Aid for countries in despair
aid for countries that have no share
they're dumping surplus food in the sea
yet they can't allow starvation to be

They buy your land to dump nuclear waste
you sell it so that food your children can taste

Aid travels with a bomb
Watch out
Aid travels with a bomb

They love your country
they want to invest
but your country don't get
when it come to the test

They rob and exploit you
of your own
then send it back
as a foreign loan
interest is on it
regulations too
they will also decide
your policy for you

Aid travels with a bomb
Watch out
Aid travels with a bomb

They come, they work
they smile so pleased
they leave and you discover
a new disease

Aid travels with a bomb
Watch out
Aid travels with a bomb

You don't know if they're on CIA fee
or even with the KGB
cause you think your country is oh so free
until you look at the economy

Aid travels with a bomb
Watch out!!

Reality

Reality
Reality
Time we take a stock of the reality

They say the problem of the nation
is over population
and the unemployment stages
and the cut backs in the wages
are results of that situation

While the brains of their technicians
are building new moon stations
war weapons increase
while young babies decease
from an illness widely known as malnutrition

Reality
Reality
Time we take a stock of the reality

Then come new laws on sanitation
designed to cut down on the pollution
but the big man's factory
dumps it's waste into the sea
and the food we eat is full of radiation

Reality
Reality
Time we take a stock of the reality

And the voters return to the polls
controlled by a man in a rolls
who has set up his loyal henchman
to become a politician
to thrill poor people's souls

Reality
Reality
Time we take a stock of the reality

We read of wars in present history
aimed at saving our democracy
they make promises for our votes
then the taxes cut our throats
and dreams rot while egos fight for supremacy

Reality
Reality
Time we take a stock of the reality

The power of the intellect of man
is being controlled by the gluttonous one
who decorate their babel towers
with the brains they have devoured
in the quest for human destruction.

Reality
Reality
Time we take a stock of the reality

It's Good to Talk

When I called you up
I wasn't lonely
It was just the thought of sharing words with you
hearing you across the distant mountains
talking bout the silly things we do
no important message to deliver
no illness among family or friends
no funerals
no weddings
no baby's christening
no murder
no divorce
no baptisms
just thought we'd have a little idle gossip
like do you know that Johnny's selling crack
and Auntie Lou's not making no more pudding
cause she fall dung on de step
an hurt her back
Cousin Agnes gone to live eena Miami
an Clarice rent a spot an build a house
the primary school just get it first computer
an de Baptist church manse bun dung from de gas
well nothing else much happen to de road works
dem say de money run out and it stop
de MP withdraw from de next election
an Miss Amy build a room upstairs de shop
well with me you know that nothing really changing
a new man might pass through but not to stay
I like my life alone just independent
but ah glad yu marriage working out with Jay
stay well me chile, an don't let nothing bother you
everyone to dem own order, so John say
anywhere you go, chile
is the same creation
anywhere you go, chile
same way people stay.

Third World Girl

I'm a third world girl
uncut diamond
unfound pearl
wakened from my dreaming
far too early for my years
filled with stories
yet untold
young, unknowing
born too old

just yesterday
childishly
I peeped at you through bushes
while you browned on my beach
and swam out of reach of my reality

I was held out by the fences round my shores
my water was locked off while you showered
while you ordered extra ice, my sweat just poured
your path was lit up
while I struggled in the dark
I worked with machete through the jungle
while you strolled through a park

now neatly groomed
I serve you cake and tea

I'm a third world girl
when you brought me to your world
you said you educated me
you said I brought no traditions, no history
no culture, no religion, no language with me
you admitted I could sing and dance
but without logic so you couldn't take the chance
to empower me with managing the money
you wanted me to stay the child
wide eyed and sometimes wild
but always weak emotionally

I'm a third world girl
you can't love me cause

you own me
cause your dollar buys my story
and my paradise is merely your hotel

I'm a third world girl
caught in economic hell
cause you've stolen all my treasures
to build your ivory towers
where I am now housekeeper
and my man is in your cell
all you know is that I clean so well
and if you notice how my bosom swells
I'll be a whore with pleasures I could sell

no, please don't touch me
don't be tender
can't you see
I daren't surrender
without the sureness of equality
we kissed on *Star Trek* for the first time
on the screen
had to be under alien spell to get it seen
our men, your women made themselves a pleasant scene
but I remain the hairy jungle queen
unless I shave and straighten on the catwalk, tall and thin
this third world girl has grown to woman
proud in shape and hair and skin
she's not seeking your attention
but if conversation should begin
drop your guilt trip in the nearest bin

I'm a third world girl
born to the land
where your flags unfurled
empire's over
but the rape's been done
and the blood has been my story
our meeting needs to face our history
tell the present what's become of you and me
before the future brings the possibility
Love at first sight
only happens to the free.

Cutting a Lime

de bottom lip twis
in a sacred promise
to let cane spirit rise

tongue tremble to tell
of every trial an tear
we bus a bottle
drop a rum
in all four corner
wid a prayer
so de ancestors can gather
and their voices we can hear

'nuff hurricane name after women now
but it tek Gilbert fi bruk we up
12th day a September,
de year nineteen eighty-eight

no. No mix up.
Mek dat straight.
Ah tek mi water in a separate glass
yuh have to mek de fire last
ease tongue an troat
den warm de agin belly

water singe de devil
tek de sting out a im tail
belch firs
trow out a fireball
an den yuh tek a taste

death
death in de middle of hell
a drowning man
is like a fish on lan
an flesh belong to flame
ashes to ashes
leave de dust to dust
if rum don't kill yuh

de big girl must
but in de fire
I put my trust

'cold ground, was my bed last night,
and rock was my pillow'

damned if for my longest sleep
I bow my head like willow
damned if six foot deep
sealed in concrete
I lay this temple down

look how rum can talk
look how fire can walk
fire release de flesh to spirit
light yuh matches now
put it to de rum
the magic is to vanish
leave nothing behind
whether cruel or kind
there are no medals to win
at the finish
just clean up your mess
no graveyards, no stress
no hideous tombs
no carcass to bless
leave as you came here
from nothing
God does not care
to see you laid there
it's not like you're a seed that is growing
yes, plant a tree
in memory of me
make it a lime
nothing sweet
but when old friends meet
fire up some rum in the heat
a slice of the sour gives beat
to our sense of belonging
a familiar knowing
a twist in the telling

so sweet
an we cutting a lime
yes! We cutting a lime
Oh! We cutting a lime.
Shit talking is how we pacify time
a simple philosophy, rhythym and rhyme,
Life offers no saner retreat

Isaiah

ISAIAH
de rastaman
tongue full of flames
red righteous brains
descend from de mountains
trod troo do plains
bringing a warning
to a nation gawn insane

ISAIAH
de nyaman
chanting fire troo de lan
talk like thunder touch im han
breathe brimstone
pon Babylon
Israel, yuh forget God plan
no more burning dove or ram
no more sacrifice of lamb
no more fasting, no more prayer
God is deaf to your desire

ISAIAH
de rastaman
heart beating hard
no stone, no sword, no guard
talking every word de spirit declare
Israel, yuh forget yuh God
corruption mek yuh choose de bad
wickedness defile yuh
vain power start begile yuh
de lust for blood done spoil yuh
If God neva mek dat promise to yuh
you woulda sink like Sodom an Gomorrah
yuh woulda run like yuh jus lost yuh shadow
today would be the end of yuh tomorrow
an yuh children would reap pure sorrow

ISAIAH
de iyaman
bow im head as im humbly stan
an beg Israel come clean
to remember what love mean
an retreat from a murderous scene
stop pushing others to where you've been
you of all should find genocide obscene
God just might let yah een

ISAIAH
De binghiman
come to chant dung Babylon
day by day in burning sun
bringing de word of God anger
let Israel tremble and hear
why truth can fill de hunger
Israel be humble and prepare
God's wrath is drawing near
there's land enough to share
let covetousness disappear
offer up a humble prayer

ISAIAH
De rastaman
let words burn across de lan
an wait for God to play im han

Tongue Your Funky Rhythms in My Ear

Reggae Music is special, my friend
Step right in
It's a living power
Hour after hour
Music is special, my friend
Step right in
The music is power, my friend
Step right in

Singing songs of freedom
The singer moves along
And when he's gone
We still can hear
The echoes of his song
We'll hear
The echoes of his song

We know not where he came from
Though we know where he was born
We know not where he got his life
As he breathed fresh air each morn
But the word was flesh among us
Returned to earth today
To rise another spirit
Who will guide us on our way

Singing songs of freedom
The singer moves along
And when he's gone
We still can hear
The echoes of his song
We'll hear
The echoes of his song

So rock me cross the river
Fly me over the sea
Let me hear the music
The wind will bring to me

Is a long long walk to the rhythm
Is a hip hop hop to the beat
Year after year with the music
Drumming on the earth with the feet

Is a long long way from Kingston town
To Montego Bay
The minibus rocks to the rhythm
The tyres hold the sway
Keeping time on the corners
The gears crash going up the hill
Every mile takes me closer
To the park by the edge of the sea

There are drumbeats cross the valley
Horns are blowing in my ear
The guitars scream the chorus
The bassline makes it clear

Tonight I'll sleep on the grass verge
Keeping my place in the queue
Tomorrow I'm going to sing along
Tomorrow I'm going to dream
Tomorrow I'll hear my favourite songs
Tomorrow I' going to scream

Reggae Music is special, my friend
Step right in
It's a living power
Hour after hour
Music is special, my friend
Step right in
The music is power, my friend
Step right in

Locksman coming from the mountain
Bringing Jah prophecy
To all the rainbow children
To all who'll listen and hear
Bringing words of our salvation
Calling time on sufferation
Giving power to the nation
Come closer now he'll say

He's borrowing from the bible
From the proverbs
From old people
From the songs of Solomon
From the patience of a man called Job
From country and from western
From jazz and souls and blues
From all the choirs angels
Even from the morning news

He's the griot, the storyteller
He brings a warning for the killer
He chants for unity
Brings a vision of the free
Love poems for you and me
Open your eyes and see

Reggae Music is special, my friend
Step right in
It's a living power
Hour after hour
Music is special, my friend
Step right in
The music is power, my friend
Step right in

I'm wrapped up in the crowd
It's a hot hot night and loud
And the moon is rising over the darkening sea
I'm sweating in the August heat
Body swaying to the beat
I'm hypnotised
I'm in a trance
Between the music and the dance
Takes me back to the many times
I've heard my favourite tunes

Singing songs of freedom
The singer moves along
And when he's gone
We still can hear
The echoes of his song

We'll hear
The echoes of his song

My first love was Toots and the Maytals
Dancing on a rocky stage
Fifty four forty six was his number
He brought the gospel into reggae

'Bam bam, what a bam bam
Bam bam diddlieh, bam bam
What a bam bam
This man
Don't trouble no one
But if you trouble this man
It will bring a bam bam'

Then it was Desmond Dekker and the Aces
Singing for the Israelites
Calling God's special children
To distinguish between wrong and right

'Wake up in the morning
Same thing for breakfast
So that every mouth can be fed
Oh, oh oh oh, the Israelites'

Then came Burning Spear with his vision
Remembering slavery days
Calling on all of us Africans
To care for the land of our birth

'do you remember the days of slavery
Do you remember the days of slavery'

Then Culture came to the microphone
With his songs of reality
Imagining when the two sevens clash
A man not ashamed to be

'I'm not ashamed
I'm not ashamed
I'm not ashamed to call on Jah Jah'

The three sisters came on after
Rita Marley, Marcia Griffith, Judy Mowatt
With harmonies straight from heaven
Singing for the women and the children
Remembering the African nation

'There's a land that I
Have heard about
So far across the sea
There's a land that I have heard about
So far across the sea'

Singing songs of freedom
The singer moves along
And when she's gone
We still can hear
The echoes of her song
We'll hear
The echoes of her song

Reggae Music is special, my friend
Step right in
It's a living power
Hour after hour
Music is special, my friend
Step right in
The music is power, my friend
Step right in

It was in the year of our coming to be
When we all did pray for Mandela to be free
Saying please hold on to to your dignity
For no one else nah go give it to we
Remember four hundred years on bended knee
Cutting cane for big man family
 Begging Jesus Christ to come help we
When we done get we own eye to see
The togetherness and unity
Something that we all forgetting to be
Let's join hearts and hands in unity
Come mek we step out a de globalisation
And walk into a freedom tradition

Come mek we take on the big corporation
And build a future for the children

Singing songs of freedom
The singer moves along
And when he's gone
We still can hear
The echoes of his song
We'll hear
The echoes of his song

Thunder rocked the mountains
Lightning divided the sea
And in the distance I could see Marley
Walking towards me
With a big big spliff of sensemilla
With the black smoke crowning his head
In a robe of royal red, gold and green
He looked at me and said 'Queen
Are these little ones all you children
Where is the father tonight
Bring them closer to me
Let me sing them a lullaby'

'One love. One heart.
Let's get together and feel alright
One love, one heart
Give thanks and praise to the Lord
And then we feel all right
Let's get together and feel alright'

Singing songs of freedom
The singer moves along
And when he's gone
We still can hear
The echoes of his song
We'll hear
The echoes of his song

We know not where he came from
Though we know where he was born
We know not where he got his life

As he breathed fresh air each morn
Yet the world was flesh among us
Returned to earth today
To rise another spirit
Who will guide us on our way

Singing songs of freedom
The singer moves along
And when he's gone
We still can hear
The echoes of his song
We'll hear
The echoes of his song

Reggae Music is special, my friend
Step right in
It's a living power
Hour after hour
Music is special, my friend
Step right in
The music is power, my friend
Step right in

From a little island in de Caribbean
Come a music so fierce, so proud, so strong
With a bassline that will grip yuh hip
To the horns that blow to clear the air

Travel with the wind, my brethren
Take to the skies, my sistren

I travelled into Korea
I show immigration my passport
They say, oh, Bob Marley country
You come from Bob Marley country

Few days later into Johannesburg
Show them my travelling documents
They say, oh, Bob Marley country
You come from Bob Marley country

I headed to the east and into Japan
Customs say 'sing for me redemption song'
Because you come from Bob Marley country
Oh, Bob Marley country

South west I travelled down to Brazil
On the streets I see pure red, gold and green
They say try this smoke
Tell me if it's really good
Because you come from Bob Marley country
Oh, Bob Marley country

I wander in a record shop in Barcelona
A young Spaniard with locks down to his shoulder
He says 'you're the dub poet from Jamaica
Tell me all about Bob Marley country
Because you come from Bob Marley country'

In a pirate station in London
Reggae kicking out all over the town
Three little birds sitting on the window
The DJ giving me the history of the man
Because he come from Bob Marley country
He come from Bob Marley country

Music is a passport to travel the world
A tradition on record for every boy and girl
So sing it with me if you hearing it clear
In tribute to the musicians who playing for you here

Singing songs of freedom
The singer moves along
And when they're gone
We still can hear
The echoes of their song
We'll hear
The echoes of their song

We know not where they come from
Though we know where they were born
We know not where they got their life
As they breathed fresh air each morn

Yet the world was flesh among
Rising from earth today
Another spirit coming
To guide us on our way

Singing songs of freedom
singers move along
And when they're gone
We still can hear
The echoes of their song
We'll hear
The echoes of their song

Reggae Music is special, my friend
Step right in
It's a living power
Hour after hour
Music is special, my friend
Step right in
The music is power, my friend
Step right in

what hope

what future now awaits us
where does this journey end
who will say, defeat us,
we will not strike again
who will humbly bow a head
to spare a child from death
who will take the loser's place
choose not to open hell

no one hears the simple call
no one humbly takes the fall
no one feels for one and all
no one will break down the wall
no one here to tell

the song of peace
of man's realease
the war to cease

to finally break the spell

warriors rule
weapons pool
revenge is cool

keep carrying your buckets to the well

'there's a hole in the ozone, dear Henry, dear Henry,
there's a hole in the ozone, dear Henry, a hole.'

Truth

some years after
when the laughter came again
she grew her hair in locks around her head
and lived
simply
without even a bed   but she

she had stories   that woman
she had stories to tell
and children who listened   well
and she
she hid nothing
made no excuses for self

just let
truth give her voice to the wind

and she would sing sometimes   sing and
ask a little more time
for memory to swell their heads

the children gathered around her
the more they asked
the more words she was sent
words that crossed all ages
served no laws
words that questioned all they had been taught

so they put her away
one day
she must be mad
the adults say
corrupting young minds
it's obvious   depraved

she grew silent then
her laughter grew thin
then left with the wind

but the children grew up and remembered
one woman who didn't lie
one woman who didn't hide

now they count the hypocrites around them

hole mi han

why yuh looking so down an out, chile
like dem bruk up yuh spirit
an sen yuh out wile
wat happen to dat brilliant smile
dat could push de grey cloud out de sky
dat could mek a man waan lef im woman an chile
look at de shadows in dose big brown eyes
dat use to open up wide in surprise
every morning an greet de sunrise
now dem reflecting some darkness within
like someone tek yuh an wring yuh out thin
empty yuh spirit an wrinkle yuh skin
where de laugh that could push away gloom
an light up everyone in de room
who suck yuh like a vacuum
an lef yuh like life is pure doom

an did warn yuh how time have a way
fi corrupt de innocent an mek dreamers pay
ah did warn yuh bout tief in de night
talking bout love wen dem waan tek yuh sight
bringing nothing but plight after plight
like duppy jus a follow fi yuh light
like a big snake come hug yuh up tight

ah did warn yuh nat to give yuh love so easy
stap say yes, start bawl out NO!
ah did tell yuh dat de bible is a story
an de meek will soon have no place to go

look how dem surroun yuh in all a yuh glory
how dem did love yuh wen yuh tell dem yuh story
how dem did shake an bow dem head if yuh jus frown
an now dat dem eat out all yuh store
soon as dem see seh yuh no have no more
look how dem drop yuh like a dead pon de groun
an walk pass yuh as if yuh is unknown

don't ah warn yuh bout de vulture an de pirate
de bloodsuckers an de vipers from hell
don't a tell yuh dat dem hate yuh fah yuh beauty
an de talents dat God give yuh as well
don't ah show yuh if yuh 'tun yuh back to dem',
it don't mean dat yuh proud
an dat wen yuh song so sweet
yuh nat to sing it out loud
fah we walking eena babyon
we mix up eena crowd

an if yuh start acting like yuh is Jesus
yuh wi get crucified fi a tief
chile, ah never di tell yuh no lie
but yuh tink every tongue
come from an honest inside
an yuh talk out yuh truth
wen sometime yuh should hide
dem looking for a saviour
but de saviour has died
come off a de cross
for is time yuh stop cry
all de tears dat yuh shed
won't give back life to de dead
or bring rain to de land of de hungry
no, soft words do not turn away wrath
sometime yuh haffi rile up an get angry
sometime yuh haffi cuss two badwud, leggo story
yuh haffi bun de leech dem affa yuh body
yuh haffi mark out yuh owna territory
weh no one can enter, bring no worry
weh yuh settle wid calm
free from alarm
teach yuh children dem a song an tell dem story

chile, ah hope yuh mek it back dis time
hold mi hand now
taking help is nat a crime

This Rape of the Moon

She walked softly past the shadows of the night
never noticed glances or felt spite
her every thought a prayer
her every step a tale
her trembling like the moonlight on the river

A sudden breath became a laugh
that shook the blossoms off the trees
entranced she danced
then fluttered free
in fearless flight of fantasy
she couldn't see

his coming

in morning sun
her dampened dress
torn slightly at the hem
betrayed the breaking of her trust
she had not asked

the knowing

forever picking flowers now
her words lay stunned like rocks
she walks only in the midday sun
that river bank
betrayal done
she awaits her lunar

showing

now moonrise slow
cloud covered shame
her face
lost behind the dark side
and there above
her tangled head
in the moon he placed
his picture.

Interview

He asked me about my craft
    I suddenly felt devious
like I should weave a basket   or set nets
        catch words   like fish
write a recipe for a dish
        make metaphors pay their way
demand that images stay

        but poems never come when I ask them
        they demand that I give up all my time
        just get on with the basic necessities
        and be surprised by a natural rhyme
        I didn't dare use the word organic
        when he asked me about the mechanics
        why I write
        what's my theme
        I answered without scheme
that I woke one early morning and just heard it
that the voice then asked the pen to please record it
so I simply wrote the words that come to visit

        He addressed the other writer by my side
        to find some truth
        was discipline to be denied
        discuss how he divided time
        and how he honed each line
how many edits before going to the press
        how he worked on one idea
        spurred by Adonis or Medea
how the sonnet or the haiku was the best

          they knew I had nothing to say
          analysis was simply not my way
so to fulfil a quite long programme
he asked, 'would I read a poem?'
the best question that he had asked all day

Anarchy

we been beggin
we been pleadin
for a long time now
to set Jah Jah people free
we been prayin
we been sayin
dat de right time come
but redemption we jus can't see
we fill every church in the galaxy
we bow we head an walk every road humbly
we tek de hard life over land and sea
an still we time can't come
since slavery put we dung
de only picture dat yuh see
is starving children on TV
So the rape of history
is repaid by charity

we not beggars
we're the victims of a robbery
from the loot
you built the heights
to reign with snobbery
you live in total greed
ignore how you caused the need
the only chance you give us is to buy the lottery

we used to live on dreams of revolution
some dead an some get lock up dung a station
till there was no way out but crime
or slave fi backra fi a dime
on a work dat fill we spirit wid vexation

is true wud ole people say
dat de rich gettin richer every day
an de poor have only struggle on de way
so money win de battle
God is sent for the oppressed
de working class tun cattle
democracy undressed

so forgive us if we don't want to vote
no change in power ever keep us afloat
same oppression in a different coat
who in already in and who is out lef out
til de day we jus get mad
an de meek an mild turn bad
an de mercy gone
an judgement come
'Blood' screams the hungry mouth

Letter to Caribe

Star Trek 4, or was it *6*
was playing on TV
All I know was
it took a whale
to save humanity
you were there dancing, shapeshifting
in the oceans of my belly
and like the whale
you'd sent your song
only just six weeks along
announcing your own birthday
a sound that echoed past his voice
which softly said I should abort
that deep sea song
it's pulse so strong
I knew I had to meet you

not waiting alone
for waves to break
for passage through the black hole
the galaxy went from my screen
and on came Eddie Murphy
you laughed with me that night, my love
you kicked at every joke
I rolled around that king sized bed
I never felt alone
you started your passage with comic relief
removed all anxiety
washed away grief
as you burst through the waters
and soaked all the sheets
tragedy ended
my soul found relief

Now I'm writing this letter
the Atlantic between us
on a night when my heart missed its beats
I'm not scared but I wanted
to record those moments

you were swimming your way out to me
I wanted to tell you that moments not morals
are the guide to the changes called truth
I wanted to tell you this one thing I found
that might help you walk without fear
that death is the moment of magic release
not ending but beginning
to travel at speed
and I could be with you in a twinkle or a tear
and I'd be a voice in the wind you can hear
you can walk along beaches
bathe in the seas
and clouds overhead would bring pictures of me
so treasure each moment
laugh loud and stride free
Shakespeare did not answer
but it's to be; it's to
be
everchanging with time
in transition you'll find
the direction the action should lead
meantime
trust good storytelling and
read

No more

she lies with her head
caught in moonlight
with streaks of her tears
silver lit
in her small room
surrounded by children
who cried themselves to sleep
when he hit
the rage of rum reeks
raises rankness
his snores strikes dark notes
from his chair
sweet Jesus
each night ends in terror
a room
nail and wood
struck by fear

she turn to the wall
with a prayer
but anger pushes her through the door
she walks down the path to the river
then lay for a while on the shore
she looked up at the moon
saw the man there
and slowly she entered the pool

first crimson ray
found her afloat,
oh so lightly

at home he lurched for the bed
with hardened tool

Anthem for Black Britain

Great great grampa came by boat
from continent to island
great great granma, chain round troat
sold from de market stand
dat ocean crossing in the hold
like animal dat dem brand
barely left dem with a breath
or strength to raise a hand

yet we plant cane, weed cane, cut cane
whether tired, hungry or in pain
and the mouths we sweetened in northern lands
never saw our scarred black hands
till war broke out and man was man
and any force could join them

so the first of us came in uniform
and fought for all man's freedom
knowing well from our own past
that slavery was lost wisdom

yet when the victory was assured
our warriors were forgotten
to fight that battle gave no right
for blacks to live in Britain

but soon the locals scorned old jobs
their lords had promised better
and so the invitation came
to let some ex-slaves enter

We came. We blackened Britian's face
a tide they could not turn back
Empire's twist they could not erase
history makes its own tracks

Now
Brixton
Mossside

Chapeltown
Handsworth
Toxteth
St Paul's
there's not a single corner left
we've broken down the walls

and what's a struggle from the start
the freezing coldness with no heart
the doors slammed in the face
the belief in a superior race
some of us turned the other cheek
but soon it was totally clear
this land was no place for the meek
the price of freedom was dear

and we cleaned in the dark and the cold
we built back the broken, the old
we slept all together in one single room
we brought our music to keep out the gloom
and we danced when we could
sang loud and ate good
wore bright colours to repel the grey doom

we sent for the children one by one
parents and cousins and sisters' sons
we would trow a likkle partner
and pay down on a house
ignoring the neighbours
if their hatred was aroused
we let our children play out on the street
and shout and laugh loud when they meet
we kept them clean and sent them to school
knowing only education could break the harsh rule
we trusted the teachers and believed in the law
and our children, how they suffered, before we saw
that those in charge didn't care
even worse, they were racist and aware
so the young ones paid the price
while we worked hard for a slice
of the apple

from New Cross Fire to the Stephen Lawrence case
we can tell you all the stories about race
that after fifty years it's still not sure
you'll return safely through your own front door
yet we celebrate! we're multi-cultural
we turn out for the Notting Hill Carnival
with our language the speech of all the young
and our hit songs fixed on every tongue
red gold and green hints of high fashion
all the colour we have added to the nation
and the taxes we have paid
all the bricks we have laid
the many years we have stayed
bringing forward the black British generation

It's too late now to turn this tide
Britain is no longer white
we claim this land as the land of our birth
we claim our future and we know our worth
our treasures lie in your museums
while we get stopped by immigration
simply following our wealth to the north
watching Europe tighten up like a fort

Britain has a big part to play
it could show Europe the way
for the races to live in unity
to show that black and white does not mean enemy
my grandfather fought Hitler
he fought Mussolini

justice has no colour
freedom seeks no power
today must make a difference to tomorrow.

Dreamtime

Come to me softly in the night, my child
Come to me in my dreams
Come to me when my tears subside
And night can claim its sleep

I left you awake
In the early morn
To hunt for your naming day
For the feast we had planned in the village
And skins for the drums we would play

I travelled further from home
Than I had ever been before
Because I wanted the best for you
I wanted the spirits to come

When I heard the horn
That warned me of strangers
I was in an unknown land
Believe me, my son,
I ran to get home
But I was held in the steel of their hands

I was chained and marched
To the end of the sea
Where I was packed in the hold of a boat
Sick and worn
I lost track of time
Till we arrived in this new found land

Now I work with my naked back to the sun
And the whips that crack my skin
The leaves of the cane are long and sharp
As we work from dawn into evening

Then comes the only peace, my son
A peace that waters my eyes
When I think of you
In your mother's arms
Thinking I must have died

The sunset comes around our shacks
And the fires cook our food
And I think of our village and my own land
And the tribe I left behind

So come to me softly in the night, my child
Come to me when my tears subside
And night can claim its sleep

Many suns have set
Since I've been gone
And I think of how you've grown
Do you walk now
Do you talk now
Do you spell out your name
The one I chose for you
The one that told of the day you were born

Do you call for mama in the night
Do you still suckle on her breast
Does she whisper stories about me
Before she puts you down to rest

My first thoughts in the morning are about you
The way we would have played in the grass
I would have taken you to the river
I would have made for you small arrows
And taught you how to hunt
I would have watched you growing tall and strong
As you would run to meet me in the evening

But now my days are broken
The machete scars my hands
A river's sweat pours off me
The sunlight has me blind

I've lost all hope of returning
I can't follow the trail across the sea

Sometimes in the darkening evening
I climb up the hill
And sit there looking out

How far away I am
I do not know

And even when my thoughts turn to running
To the mountains that I see up above
I know that you won't be there my son
I know you won't be there
They'll be no welcoming arms of your mother

So I stay here and brave the whips
Brave the hatred of the overseer
Brave the soil of the land we have to dig
But at least I can still be near the sea

Drinking in the spirits of the cane
Knowing my dreams are in vain

So stay close to home, my son
Do not go far when you hunt
These are the thoughts in my head
As I watch the sun dip a bloody red

Oh my son, how I want you to be free

So come to me softly in the night, my child
And I will come to you in my dreams
Come to me when my tears subside
And night can claim its sleep

Aaforo mama yamakoi

Aaforo mama yamakoi
Aaforo mama yamakoi

Run run run
The slavers a come
Tumbling through the forest
Jumping over stones
Caught in the vines
That tie me like ropes
I cannot escape the white hand
That reaches into my home
That turns brother against brother
Tribe against tribe
They sell me on to the coast

Aaforo mama yamakoi
Aaforo mama yamakoi

Torn from a mother's arms
Rooted out from the land
I had watched the sea before
And wondered what was beyond
But this was not how
I wanted to find
What the ocean hid

Forced into a frightening womb
Chained up
Neck leg and arms
Crushed in the hold
Of the big canoe
In a state of shock
Not knowing
Barely breathing
Sick to the guts

Where are my forests
Where are my rivers
Where are my brothers and sisters

Where are my children
Where is my wife
Where is the hut I built with my hands

Aaforo mama yamakoi
Aaforo mama yamakoi

Torn from a father's hand
Uprooted and chained
Kept in a fort
Then into the boat
Not on a journey I chose
Squeezed into a deep well of darkness
Where the only light
Comes from the whites of our eyes
Eyes wide open with fright

Does my mother hear my scream
Are my children scared in their dreams

Who will find me here
In this death I share
With strangers from different tribes

Whose body lies next to mine?
Whose legs are wrapped around mine?
Whose painful sobs in my ear?
Whose breath waters my skin?
Whose tears run down my neck?

This new womb rolls and shivers
The boat creeks with the ocean's kiss
The wood trembles
The chains clang
Someone beside me takes a last breath
The body grows cold and hard

Spirits of my ancestors
Aaforo mama yamakoi
Aaforo mama yamakoi

Why am I here
Caught in the belly of the beast
The beast that rolls in the water
Why am I here
Chained to the dead
Trapped in the stink of fear
In the stink of bodies shedding

Oh spirits of my ancestors
Where are the paths I used to roam
Where are my arrows for the hunt
Where are the fires of my night
Where is the moon's bright face
And the sun that lights my day

I have lost count of the hours
In this womb there is no time
When will be my birthing

Spat out
Shat out

They must release the dead

Maybe the smell has overtaken them too

I watch the bodies unchained
And hurled into the sea
More than half of us have chosen death

My eyes burn
The wind stings my face
The moans of pained and twisted limbs
Sound like a song for the spirits
I want to follow the dead into the ocean
Maybe the water will take me home
I want this to be my last day of suffering
But I can't make it to the edge to jump
Tangled up with the bodies and chains
Now I am scared of where we are going
For if the journey is so killing
The landing must be worse

Aaforo mama yamakoi
Aaforo mama yamakoi

How would a new born baby feel
To be forced back down the passage of birth
To be forced back down into the womb

The depth of the womb was familiar now
There was room to wiggle and turn
But how much longer, mama
How much further
In this dark belly
What calls do they answer
Those who brings us across the water
Whose wish is it
That my people should die
For what reason are we so despised
How much further, mama
In this dark belly

Battered and bruised
We are pulled from the hole
There are more that have died
But we have arrived
It takes a while to open my eyes
A long chain of black bodies
Prodded by whites
We are scrubbed down and polished
With sea water
So this was the end of the ocean
A brain numbed into silence
Eyes blinded with horror
Unable to take in
The lay of the land before us

Aaforo mama yamakoi
Aaforo mama yamakoi

Do my ancestors know where I am
Will the spirits of my father find me
Who will sing for us here
Who will recite the memories of our tribes

Who will tell the stories of our loved one
Who will honour the dead

The water is warm around my ankles
The hot sand greets my feet
The white faces wait on the beach

I will wait till night
Then look at the sky
Look for the stars
Let them tell me where my home is
Is there only one moon in the sky
Does only one sun rise

But here in the bright glare of day
They prod my body
Squeeze my arms
Thrust fingers into my mouth
And count my teeth
And I feel my first taste of the whip
As I'm pushed into a cart
With two others from the same boat as me

We move over the rough and rocky road
And finally I can see
In the distance
There are mountains
Wild mountains rising from the sea
Covered with rich forest
I can see no roads, no houses there
So maybe they are free
It may be like my homeland
Where I can travel and hunt
But I must wait to find out
I must wait till they remove the chains

Aaforo mama yamakoi
Aaforo mama yamakoi

Spirits of my ancestors
Find me in this new place
I will look for signs of you

I will tell your songs to the wind
And see if they will find you
I will listen to the rivers
I will gather stones by the sea
I will run for the mountains
And I will climb the trees
I will light fires at evening
I will count the stars
And I will ask the ocean
To stop the boats from coming
To stop them bringing us here

Maybe there's a great white spirit
Who will also hear my cry
Spirits of my ancestors
I will fight here till I die

Aaforo mama yamakoi
I will fight here till I die

The Naming

a word she whispered softly
in the night
cradling his tears
all night she crooned
and kissed
just one word
his name
calling him through pain
but he never came

he'd never left that earth
where he laid his father down
he'd never forgotten
those last days
inside that old folks home
he'd never known
why he hated to be called
by the very same name
as this stranger, father, old and lame
he'd been so frightened
watching death approach
he couldn't hold the shaking hand
or answer the croaking of his name
imprisoned by sharing
one dying sound
could he break the bond with this man
who'd chosen him to carry on
the familiar title that claimed him son
now he felt like a child
just hiding inside
call me x call me y
let the name
like him
die
why must I carry this reminder
of his life

still a word she whispered softly in the night
cradling his tears again
all night she crooned
and kissed
just one word
his name
till the sound was not the same
as father

by morning
without sleep
she watched him
and touched him
breathing into him
his naming
and he heard it
new

he smiled for the first time
since he laid his namesake down
accepted the calling
discovered himself in the sound

he breathed in his name
and woke up to her voice
past pain
past loss
past grief
how one word tender true transforms
with the love to give it flight
his father's voice
gone into night
but he'd named him with joy
and he'd named him right
for the sound of his name
was a seed from the past
and the speaking was wind
that told history's truth
he'd handed down memory
by repeating a sound
in the land where the old died alone
and the young did not often go home

so he turned to the voice
that whispered his name
breathed deep on the air
and the magic he found
and he loved her all night
till his seed found it's home
and he prayed for a child
who would hear his own sound
and he prayed out loud
so the word was made flesh
in a moment
earth added a son

and he thought how the same breath of life
the same air that kept him alive
was the same air that gave him a voice
and the magical words at his choice
to give sound to the name of his child

so he named him with drums
and he named him with song
he feasted with friends
all the family came along
they called on the ancestors
they called on the gods
they danced and they chanted
sound in spirit, flesh and blood
and his son heard the voices
giving sound to his breath
and he answered the calling
the song of his birth

Sweet Dreams

i watch you fall asleep
arms curved above the sheet
and I wonder
what your dreams will be tonight
will you climb that distant mountain
will you see that open shore
will the lovelight guide your eyes
to open doors
will the galaxies amaze you
give you passage to the stars
will soft angels there surround you
hold you safely in their arms
will you gather songs at midnight
when you hear the heavenly choir
will you walk the streets of Zion
cradling children saying prayers

soon I'll lay beside you
hear your breathing close to mine
steady rhythms of two heartbeats
will I meet you in dreamtime
will we hold hands and wander
through the mysteries of the night
will we come home together
to the dawn

rest well my love, we'll leave
it all to time.

Judgement Day

today
there are no answers
blowing in the wind
and sorry John
but no one seems
to imagine all the people
and Bob, one love, one heart
turned into stone
no hope springs eternal
and Jesus
you must know now
there's no turning the other cheek
that most dangerous drug called power
will always power seek

who dared to touch the ivory tower
who dared to bring it low
who dared to strike the mighty one
who turned the brave to woe

where are decisions taken
that shake the innocent ones
what mind could find the reason
when JUSTICE wears a gun

If nothing more is waiting to be said
if we cannot tell the living from the dead
when honesty fails and lies are told instead
when the heart has no more influence on the head

when we cannot hear the children's laughter
our present sold for the hereafter
and crime becomes the way to gather
sustenance for son and daughter

when the north and south drift further away
when the rich can't smell the odour of decay
then we can't avoid the day when the desperate find a way

turning towers into dust
on Judgement Day

The White Owl

come my child
to the cave by the sea
where the ocean laughs
and trees bend their knees
inside this cavern
with it's watery floor
white owl stares
at the light through it's door

the small waves gurgle
the wind hums along
fish nibble your feet
as the sea sings its song

come, sit on a rock
that marks the rough edge
of where earth kisses water
and sun fires air

here the elements meet
and time slows its feet
come with me, my child
to the cave by the sea

Anytime

could I tell you a story
no beginning, no end
set in silence
fulfilling no need

could I tell you a story
lighter than air
without morals
coming out of no creed

would you be satisfied
with no craft, no plot,
no action, no theme, no belief

maybe just a chorus
of voices before us
not singing the same harmonies

would you listen to sound
without meaning
would repeating the rhythm
stop time
could the characters
step out of line
with no logic and
giving no sign

if the story runs off
with the wind
would you catch letters
correct the letters
would you care
if the muddle
fell into a puddle
and dampened the storytelling

could I tell you a story
aborted
a legend with details

detached
a story in waiting

inviting you in
to think without motive
to be born without sin
to love without holding
to live without judging
to see in an instance
the concept within

mi duck

I know I know I know mi duck
I know mi duck I know
I know how England breaks your heart
how summer ends before it starts
I know mi duck I know
I know how cold can shut you in
the blows you've taken on the chin
I know mi duck I know
I know how your lover just walked away
never answered your calls night or day
I know mi duck i know
I know how much you needed love
longed for blue skies up above
for a friend to offer a cup of tea
to sit through the night writing poetry
I know how you long for a child to rock
how you count the ticks on your bodies clock
I know how evening cradles your tears
and how your wrinkles mark the years
I know I know I know mi duck
I know mi duck I know
I know how England breaks your heart
how summer ends before it starts
I know mi duck I know.

The Flag

I sent you my son
you sent me a medal
I am going to kiss this cold metal
make breakfast for this metal
I am going to tidy it's room
this medal is going to give me grandchildren
this medal will bury me

I sent you my husband
you sent me a flag
I am going to sleep with this flag
hug closely this flag
deep kiss this flag
have children with this flag
yes I am going to

fuck the flag.

For Palestine

Is anybody out there
can anybody hear
aren't we screaming loud enough
does anybody care

first we sent a singer
with a word for every tear
he couldn't take the pressure
it was more than he could bear

So we sent a host of poets
with images of our blood
they wrote away the lonely nights
and died misunderstood

our painters sent them broken bones
our sculptors sent fired clay
our storytellers lost their voice
we replaced them day by day

Though our message never changed
oppression goes it's merry way
and we remain forgotten
while money holds the sway

Is anybody out there
can anybody hear
aren't we screaming loud enough
does anybody care

Migrants

(for those who drown between Africa and Europe)

I love this land
never thought of owning it
till you came
and fenced it all
stamped your name upon it
pushed me to the edge

I should have killed you then

years passed
I was slowly starving
so I crossed to where you came from
but you had set up borders

So here I am
drowning in the oceans in between
tangled in the nets you set
for fish.

DVD RUNNING ORDER

** *not included in this book*